泉言碎语

戴志强 题

何银铨 著

中国美术学院出版社

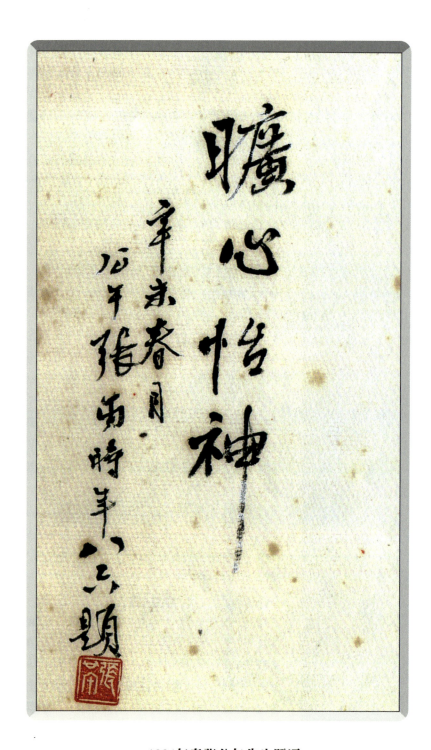

旷心怡神

辛未春月
辛未年张公午时年八六题

1991年春张公午先生题词

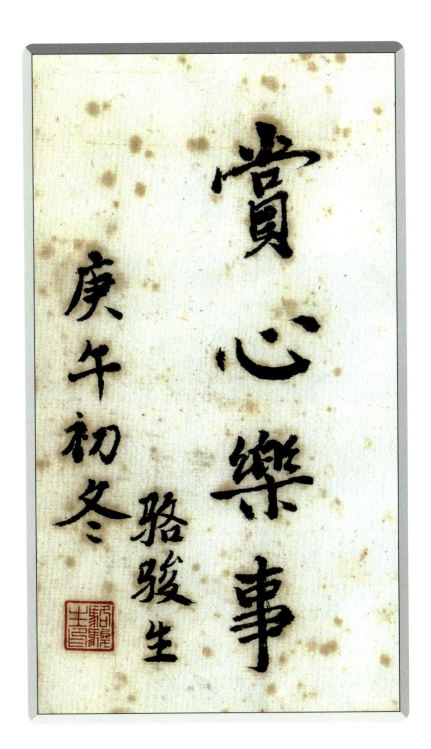

1990年冬骆骏生先生题词

钱币大咖孙仲汇先生题词

著名书法家、西泠印社理事
林剑丹先生题词

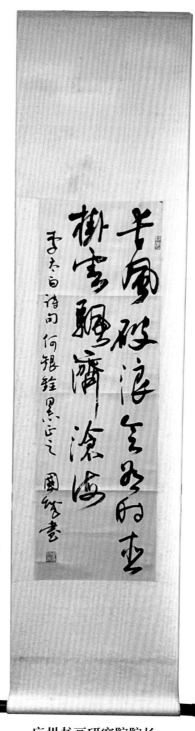

广州书画研究院院长
周国城先生题词

越地泉

越国、东吴，南唐
时期古泉选珍

从越地出土楚币 试论"越国铸币"

近年来，江浙两省钱币界对所关注的春秋战国时期，吴越两国是否有过自己的金属铸币问题进行了探究。对此已有不少专家学者发表过颇具见解的论著。今天省、市钱币学会已将"越国货币"的探讨列为新的研究课题。笔者作为一个业余爱好者，根据自己在古钱币集藏过程中的所见所闻及自己一些不成熟的体会，谈谈肤浅之见。

一、杭州市出土的楚国货币

1. 1969年三墩一陈姓农民，在旧余杭县吴山镇境内河中扎蚌，扎起一只圆形大肚铜质容器，内有"殊布当忻（釿）背十货"300余枚。惜毁于铜匠炉中，换得两只铜火囱。笔者见过几枚漏网之物，无锈蚀，露水红铜色，品相极佳（图1）。

2. 1973年獐山农民在捻河泥时，出土3枚殊布当忻（釿）背十货，贴叠在一起且腐蚀严重（现存余杭区文管会）。

3. 1989年潘板镇农民在挖取砂石时，出土殊布当忻（釿）背十货20余枚。

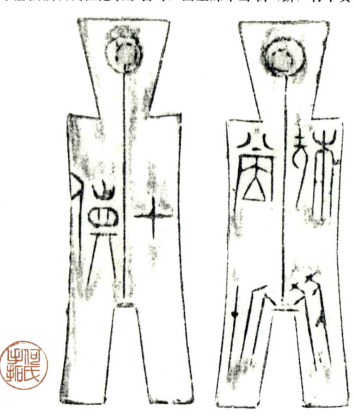

图1

4.1979年瓶窑废品收购站收得"鬼脸钱"24枚。

5.1989年前后，瓶窑北湖草荡内一条小河相继出土过不少鬼脸钱（图2），最多一次上百枚，一次四五十枚，还有几次零星小数的。无锈蚀，铁色，全是清一色的"鬼脸"。笔者曾集得其中十几枚，并见过前面提到的24枚，应属同坑色。

6.近年来在余杭镇到瓶窑的东苕溪两岸沙坑内，数次出土过殊布当忻（釿）背十货，数量估计在10枚以上。其中一枚是生坑绿锈，品相甚好（图3）。

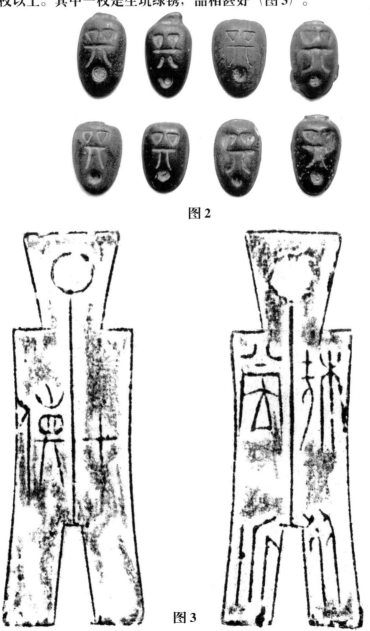

图2

图3

以上楚国货币的出土地点，均在东苕溪流域。其中的殊布当釿"忻"字偏旁分"｜""十""十"三种写法（｜、加圆点、加小横）。所出土的殊布当釿之多，超过"楚布之乡"——阜阳出土的殊布当釿[①]。

从杭州市余杭区楚布出土情况可知，楚国铸币在越国使用量是比较大的，势必影响越国，促使其铸造自己的货币。正如浙博曹锦炎先生撰文所说："越国必定有自己的铸币，只是我们还不认识罢了。"笔者通过对出土货币实物的观察揣摩，更增加了上述信念。

二、异文楚布之发现

近年，笔者陆续见到数枚钱文与"楚布当釿"有异的楚币，询问后发现均出土在余杭县苕溪两岸地域。本县一位同好藏有两枚楚布，均沙坑，一枚与常见品同，颇精美。一枚显得薄小粗陋，重16g，最不同是面背钱文除十字外，其余均是几道不规则的线条，面文虽亦四字，然不成其为字（图4）。（据笔者实测8枚楚布常见品，最重40.3g、最轻32g，平均重35.19g）

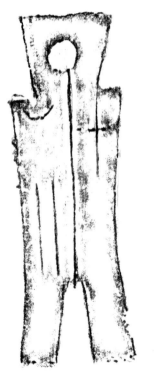

图4

余杭镇泉友金先生藏的两枚：一枚常见品，规正，重33g；另一枚钱体瘦小，钱文简化，面文四字成对称，别成一体，背文传形，"货"字少立人旁并缺"山"部，重25.5g（图5）。

图 5

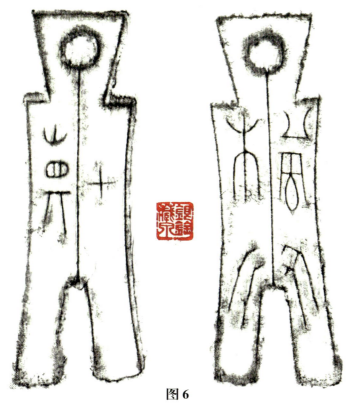

图 6

笔者新集一枚，钱体略小，铸作不及常品精工，钱文书写显得拘束，面文上二字传形，"殊"字省笔成"木"，下省笔形成"《"旁，几成对称，背"货"字亦省去"亻"旁，重20.8g（图6）。以上异文布的共同特点是：1.形体偏小。2.铸作粗陋。3.钱文不规范且书写生疏。4.重量平均轻10g以上。

另据浙博陈浩先生告之，20世纪60年代临安亦曾出土类似"楚布"。另见《古钱大字典》第331页第2图和第374页第25图，《简明钱币辞典》第51页第2图的"楚布"，虽是楚布形制，但文字完全不同于楚布。据上面载的标价与级别，少于殊布当釿常见品。这引起了笔者的兴趣。它们是楚国铸作的，还是吴越国铸作的？

三、春秋战国时期楚、吴、越三国概况

1. 楚国。战国七雄之一。处荆地，拥江汉，涉足中原，幅员辽阔，物产丰富，经济文化较之吴越发达。在春秋中期（公元前720至前598年）已有金属铸币[②]，尚处于铸币的初级阶段。到战国中期（公元前391至前307年）才是我们现在常见的殊布当釿。它保持了春秋时期币身狭长的特征，然形制规正，钱文增至六字且俱统一。楚国的有文铜贝到此时亦由鬼脸钱文统一[③]。这两种铸币的形式一直持续到战国结束，秦朝统一为止。

2. 吴国。春秋后期国力才开始逐渐强大。虽一度争霸，然毕竟是东南沿海的荆蛮小国，生产及文化落后于中原地区。当中原大国产生空首布时，吴国仍停留在称量货币青铜块阶段，而在中原地区进入平首币之前，已为越国所亡。可见，吴国没有进入金属铸币阶段。

3. 越国。越国的地理条件、经济文化之发达程度与吴国相似。然立国时间要比吴长167年。公元前494年，越王勾践卧薪尝胆，刻苦图强21年之后攻灭吴国，势力一度北上徐州（今山东滕县南）。在此前后越国亦同样使用青铜块。到战国中期，由于金属铸币使用广泛，越国又紧邻楚国，于是大量的楚币进入越地。虽说称量货币——青铜块有其一定的优越性，然与金属铸币比较就明显不足。（笔者按："青铜块"称"称量货币"，其实它应属"实物货币"。因为块状不是它的最终形态。青铜块是铸造兵器、生产工具等理想的原材料，在使用中与粟、帛、牛羊一样，是以物易物。由于它质、量的稳定性，因而可以作为财富储存。）笔者揣度，越人手中既然有丰富的青铜块，又体会到楚币的方便简捷，就必然会仿效。使越国从称量货币跃入铸币阶段，中间省却了似空首币的铸币初级阶段。然而正当越国将要步入大量铸币阶段时，楚人已大兵压境，为其所亡。刚开始的货币铸造亦随之结束。可见，越国有铸的可能，但时间很短，并处于仿铸初期。

四、异文楚布应属越国铸币

（一）一切事物都是互相影响的，货币文化也不例外，先进的必然影响落后的。越国远离中原诸国而紧邻楚，从出土情况可证，楚货币流入越地并为其所用。因此，楚国的货币文化最容易影响越国。

（二）按一般常理推测，输向外区的东西必须具备：1. 数量充足；2. 容易为人接受；3. 质地优良；4. 交通输送方便。殊布当釿具备以上条件。

（三）到战国中期，中原大国的金属铸币历经400年左右，它的铸造技术已达炉火纯青的地步，书法技巧亦已娴熟，是铸币的成熟期。殊布当釿就是成熟期的楚国铸币。然"异文楚布"具有成熟期的形制，而没有成熟期的文字。根据实物分析，此类布不但铸技生疏，甚至对楚币之钱文还不知其所以然，故缺笔少文。有的估计是属于符号一类的标记，是一种仿造铸币。

（四）《中国钱币》总第30期《战国小铜贝刍议》一文，谈到楚贝的"官铸"与"私铸"，然不论小铜贝当时是在何种情况下铸就的，它的面文字迹清晰，与规范的楚贝毫无二样。笔者在中国历史博物馆的"中国历代货币"展中发现30余枚"各六朱"，其中最小一枚与上文（哭）字贝大小基本相似，一枚特大型的估计是最小型的15倍左右。然不论其大小如何，

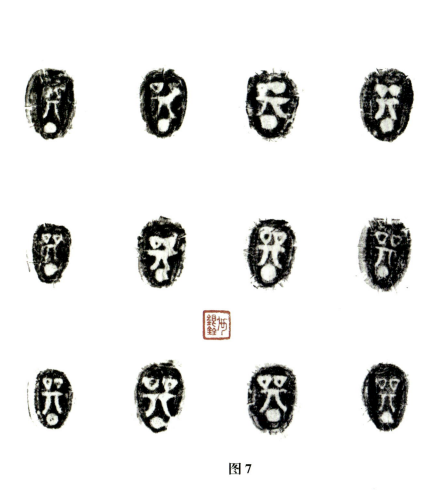

图 7

面文"各六朱"均一样无异。可见，楚币无论大小，或者暂且谓"官铸"与"私铸"，它的面文是不会改变的，而今此异文布不然，钱面文字相去甚远。

（五）在钱币文献及书刊论著中，笔者未见先秦刀币分私铸与官铸，所见的实物、拓图，只有钱文的增笔、简笔或者结构部位有变。然字字点划有序，力度匀称而富有美感。很难设想，楚人铸楚币，既然形制一样，文字却差之千里。可证，此布非楚人所为。

（六）由于越国的文化落后，只知道"楚布当十"的概念。在仿铸中只取楚布的形，对楚布的文字不甚求解。揣测在书写过程中也感到困难，故而其中有的干脆不去理会钱文，而只用了自己概念中的"十"字。再加上自己意念而铸某个"字"。有的则无法模仿好。从实物看，图4布币面文的直线相加，则合十数，想必定有所指。

（七）"异文楚布"出土在越地，还未见其他的出土报道。《古钱大字典》第25图的"楚布"，据载徐州出土，属原吴国地域。然而在殊布当釿面世之前，吴国已为越国灭亡。故仍应属于越国。而今已知的几枚"异文楚币"，文字有简有繁，有不成熟与较成熟，这可能是铸地的不同或铸作时间早晚有别，同时亦说明越人在仿铸过程中的不断进步完善。拙见认为：只有越国才有可能铸"异文楚布"，时间已是战国后期，因此铸期短暂，并还处于仿铸阶段。于是未能从楚布中脱胎出来，形成自己的系统铸币，仍留存在"楚系货币"之中。

综上所述，笔者以为铸作粗陋，钱文异相，书写生疏，形体偏小而轻薄的这一类"楚

图 8

布"，应属越国的金属铸币。若此说能成立的话，那么"殊布当鈝"究竟属何国所铸之异论亦可迎刃而解了。

由于笔者的局限，钱识粗浅，拙文中的谬误与不足还请方家同好斧正。

本文承王崝先生帮助指点，王鸿喜、金志成俩先生惠拓，谨致感谢。

注：
① 《舟山钱币》1989年第4期。
② 《谈解放以来空首币资料的新发现》1983年第2期。
③ 《古币续谈——谈我国先秦货币中的铜贝》，《中国钱币》1985年第2期。

越国戈币献疑

近年，浙江绍兴出土了大批量的仿戈青铜铸件，去年夏天又新发现了大型的青铜仿戈。这无疑是我省泉币界的重大发现，为不断探索古越国是否有过青铜铸币的一大课题带来了无限希望。《中国钱币》为此刊发了研究成果，认为是春秋时期越国的铸币。笔者亦曾思考并与同好探讨过对青铜仿戈铸件的认识，总觉得这种青铜仿戈称其为币，依据尚欠充足。

历史学家范文澜曾说："任何一种文化，都是由较低级向较高级积累而成的，绝没有突如其来的文化成就。"我国的货币文化也一样，"货币的产生，是具有自发性质的，当交换发展到某种阶段，必然会产生货币。所以货币的起源，原则上都是独立的，但这仅限于极原始的阶段。后来生产和交换进一步地扩展，当两种文化水平不同的民族产生接触的时候，文化较低的民族，就要受到文化较高的民族的影响"[1]。从我国泉界先辈的研究成果，到现在的考古发掘表明，先秦四大钱币体系的发展演变过程，有一个清晰的发展规律。以布币为例，从农具铲脱坯而来的大型空首布，逐渐递减变革成小型方足布，币面从无文发展到纪数、干支、事物地名及币值。币文从单字发展到多字，跨越的时间，从西周到战国的中晚期，历500余年，可以说是随着时间循序渐进的。但是，从1999年首次发现青铜仿戈至今20余年

时间，所发现的仿戈只有大小轻重之分，形态大同小异，可归纳二十几个规格等级，实测最大的通长200mm，重43g；最小的通长20.5mm，重1g，小到用手拿捏都困难。特大型的两面都精工修磨，戈刃锋利，中有血槽，锋芒毕露，乍一看俨然是件实用兵器。然遗憾的是至今没有发现带文字的，与青铜铸币的发展规律不同。笔者颇感困惑：

一、据史料所知，在春秋初期，先进的中原文化已经使用青铜铸币，而吴国在春秋中晚期还在大量使用自然贝与石贝[2]。作为吴越国金属称量货币的青铜块，使用的时间非常长，直到战国晚期仍有使用。1988年仙居出土的窖藏中，从一印纹陶坛内发现小件青铜器具18件，青铜19块，楚大布2枚，蚁鼻钱16枚，坛周围还散布着许多青铜器残片[3]。而今所知的出土青铜仿戈，均清一色，无任何可佐证其为货币的伴出物。在当时，青铜本身是一种不可多得的财富，故残缺破碎的青铜器块同样可作为财富，同时亦可充作称量货币[4]。所以，青铜铸仿戈的窖藏出土，不足以说明是古越国的货币。

二、先秦的四大钱币体系均是从民间生产、生活器具的交换演变而来的。兵器并非百姓的必需品。再则，戈也并非越国独有，其他各国也需使用，曾是越国的宗主国楚，更拥有大量的军队，并有"五年

不出兵，算是莫大的耻辱，死后见不得祖先"之说⑤。公元前520年的一次东周文化大迁移，楚国与宋、鲁并成为当时的三个文化中心，远比吴越先进强大。

从近年长沙楚墓出土的兵器中有完整长杆的戈，可见楚国对戈这种兵器的重视和使用的广泛。但使用的货币是金银币、铜贝及楚大布，传世实物不在少数。断发文身的吴越，早期均曾是楚国属国，地域风貌、人文习俗、社会生产有许多相似之处，历史也通常将吴、越并称，常言的"吴戈越剑"，用现代流行语讲，戈是吴国的名优产品，越国的名优产品是剑而非戈，论文化吴比越尚先进一步，但吴国迄今未见金属铸币，其使用的称量货币青铜块之论点基本得到泉界共识。然唯独越国仿铸了兵器戈作为货币，于情于理太过突然。

三、有专家推测，戈币的产生年代在春秋末期至战国初期。史料记载此时正是小型空首布向平首布的过渡期，币面除铸有地名外，还有纪值的意思，其间虽是铸行小型空首布，然大中型空首布仍在流通，但它们之间的大小非隶属关系，而是因铸期的先后所致。而分类纪值的平首布或寰钱等，它们产生的时间要迟于战国初期。如"三孔布的行使年代应断为战国中期大约公元前323年至前296年"⑥。"战国梁布有大小四种，其铸造时间大概在公元前

339年魏惠王徒都大梁以后"⑦。"賹化圜钱是战国晚期的铸币"⑧。彭信威先生说："这一套布（指连布和楚大布），论制作应当是战国末年的东西。"据近年各家的研究论证，楚布当更早一些，但它们的上限不会早于战国中期。从已发现的戈币实物分析，产生于春秋末期至战国初期的青铜仿戈到战国中晚期仍一成不变，形制的原始与无币文，明显落后时代。与中原青铜铸币各行其道互不相干，有违历史发展规律。春秋晚期产生的"子母相权"论，若仿戈的递次关系算是子母相权论，那越国对货币流通的认知度又走在了中原铸币之前，如乎有先知先觉。仿戈的大小、级别之多，使流通中相互折值换算成为一个棘手的问题，必定使交易者无所适从。
（插图：引用《越风》中的戈币图）

四、泉界旧说的鱼币、磬币（桥形币）、藕芯钱等，《古钱大辞典》曾有评说（其中没有著录鱼币），认为磬币（桥形币）藕芯钱等是古代之铜器，不是币。笔者揣度，为什么它们不能称币，是因为不符合铸币规律。今据科学发掘考证"藕芯钱应是西汉文帝时期，推行称钱制度的产物，是用来衡量币重的平器——即今所说的砝码"⑨。

关于鱼币和磬币，"中科院考古研究所王世民先生曾发掘过一座完整的西周墓椁樟上罩有丝络网罩，这些铜鱼、石鱼和

《越风》一书中载的戈币图
（金志昂先生藏），尺寸大小对比悬殊

小鱼磬都是网罩上的坠饰"。"从铜鱼等物出土情况看，均出土自大中型有网罩的墓葬之中，而小型墓葬中极少发现。由此可见它们的确是网罩上的坠物"。"……从交换这个意义上讲，它们也能够取得货币的资格，但绝不是流通货币"。这是对青铜饰物既科学又相当客观的评说。笔者据此认为，青铜仿戈亦非币。

五、青铜仿戈形态十分原始，而出土区域仅局限于越国都城，并没有如货币的通性流向邻邦。如果青铜仿戈是在越王勾践为争霸称雄，发展本国经济的历史背景下铸造的话，有违由交换发展而自发产生货币的规律，纯属政府行为，乃一时一事之物，变货币产生的必然性为偶然性。据此，笔者产生了一种臆想，越王忍辱做了三年人质归越之后，复国雪耻之心无以复加，然而不敢贸然张扬扩军备战。劫后余

生深感财单力薄，于是以韬略之策"卧薪尝胆"与民共患难，这期间或曾采用重赏之下必有勇夫之法招揽人才。谋臣计倪进言"夫官位财币金赏者，君之轻也，操锋履刃艾命投死者，士之重也，今王易财之轻，而责士所重，何其殆哉"。认为以爵禄财宝去笼络人心，会被有报国之心的仁人志士所轻视。能为国捐躯投身沙场的勇士，才会被人所敬重。作为一国之王，今却换成被人轻视之物去赏赐报国之士，是何等的危险。勾践听从规劝，设法激励国人勿忘国耻，舍身勤王报仇复国的精神，出于这一思想，勾践仿铸了代表尚武精神的象征——戈（"武""国"二字均含戈，古人用戈作战及守卫城邑国家）颁发给国人，望国人怀揣仿戈，生死不忘国耻，一旦伐吴个个能成为国捐躯的勇士。故有越之父兄昆弟再三请战伐吴之行，与"诚四

封之内尽吾君子，子报父仇臣复君隙，岂敢有不尽力者乎？臣请复战以除君王之宿仇"之国策可能有关系。

戈既是作战守国之重器，军队主要兵器，越王用仿戈激励国人就成为情理中物。大小之分或许是铸造先后，或是等级之别，小型的是越人祭奠先人之瘗器，这在今日出土的情景中曾有所发现。

一旦勾践灭吴雪耻后，时过境迁，仿戈也就完成了特定的使命，无须变革，或是收缴回炉铸作他用，或任其自然留存旧地，当然不会随着越国的疆域扩大而进入流通。然由其自身青铜的价值而被作为财富贮藏，也就不足为奇了。

笔者只是业余古钱爱好者，对史学、钱学是个门外汉，唯能对古钱币的直观，讲点不成熟的陋见，文中谬言之处，乞望专家学者不吝赐教。

注：
① 彭信威：序言《中国货币史》，第3页。
② 朱伟峰：《苏州真山九号墩吴国国君墓出土贝币》，《中国钱币》1996年第2期。
③ 金祖明、王子芳：《仙居发现窖藏青铜器》，《中国文物报》1988年8月12日。
④ 周卫荣：《试论中国青铜货币的起源》，《中国钱币论文集》第三辑。
⑤ 范文澜：《中国通史》第117页。
⑥ 杨科：《也说三孔布的国别和时代》，《中国钱币》1988年第1期。
⑦ 郭若愚：《战国梁布币文字析义及有关问题粗论》，《中国钱币》1983年第3期。
⑧ 朱活："论齐寰钱范兼谈六字刀"，刊《中国钱币》1988年第一期。
⑨ 余溯：《陕西发现用作砝码的藕芯钱》，《中国钱币》1996年第4期。

（本文发表于《亚洲钱币》2000年6月1日总第5期）

戈在杭绍地区的实用性

马桥文化期石戈
1986年余杭南湖采集
（中国江南水乡文化博物馆藏）

商周石戈
杭州余杭南湖出水

商周青铜戈
杭州2000年西湖疏浚出水

青铜戈
1984年双堆陈桥马圩出土
（绍兴博物馆藏）

孙吴"大泉五十"再现之我见

据《三国志·吴书》记载，东吴孙权在嘉禾五年（公元236年）与赤乌元年（公元238年）分别铸有"大泉五百"与"大泉当千"钱。然在实物中另有"大泉二千"及"大泉五千"传世。这几种钱均系孙吴所铸之说，已为钱界定论，然对孙权铸大泉五百之前，是否还铸过较小的铸币，尤为近代钱界所关注。

彭信威教授在其《中国货币史》中率先提出："吴钱的问题比较少，这里的问题孙权称帝以前是否铸钱的问题以及是否称帝以后马上铸钱的问题，论理刘备在称帝以前就铸钱，而孙权却到称帝以后十五年才开始铸钱。这是一件奇怪的事。"故此，彭教授推测："远在赤壁之战以前，就可能已从事铸钱。建安七年（公元202年）曹操要孙权以子为质，周瑜就说，吴国铸山为铜，煮海为盐。当时铸的钱可能是五铢，也可能是大泉五十，每枚重约四克。"

《中国钱币》1983年第3期，王贵忱、刘志飚二先生撰写的《三国孙吴铸钱问题探讨》一文中，对孙吴铸"大泉五十"又做了进一步的论证，赞同彭教授之说，文章引证《艺术丛编专门名家》一书所录之砖拓，通过查考旧闻，以金石证史，对彭教授之理论推测得以实物佐证。并揭示了王贵忱先生珍藏多年的"大泉五十"一品（图1），该钱20世纪30年代出土于南京郊区，认为应属孙吴所铸。

1989年上海市钱币学会论文中，有余榴梁先生所发表的《孙吴铸"大泉五十"钱实物的发现》一文。刊出了福建漳州窖藏出土的一枚异以常品的"大泉五十"，光背，钱径35mm，钱穿12mm，重18g（图3）。余先生断定是品乃孙吴所铸大泉五十之初铸品。

《舟山钱币》1993年第3期，刊有王律友先生撰写的《臆说"大泉五十"异品》一文，说1992年岁末发现于安徽，是传世品，钱径33mm，钱穿11mm，廓厚2mm，重7.5g（图2）。文章认为可能是孙吴时期的铸币。

1989年孙仲汇、胡薇二先生的《古钱图解》第141页首图，亦是一枚"大泉五十"，图下注明"六朝"，据上海申潭先生云："与王贵忱先生一品，其大小、书体、形制、风格如出一辙，仅一为光背，一为合面"[1]。

从以上各家所言，基本可肯定一点，就是孙吴在铸大泉五百之前，必还铸有大泉五十，并已发现实物，论据确凿，令人钦佩。

1995年，笔者有幸获得一枚"大泉五十"。据出让者言，此钱近年于江苏太仓发现，生坑，经测钱径36.3mm，厚2.2mm，重13.8g（图4）。遗憾的是，初获者将其

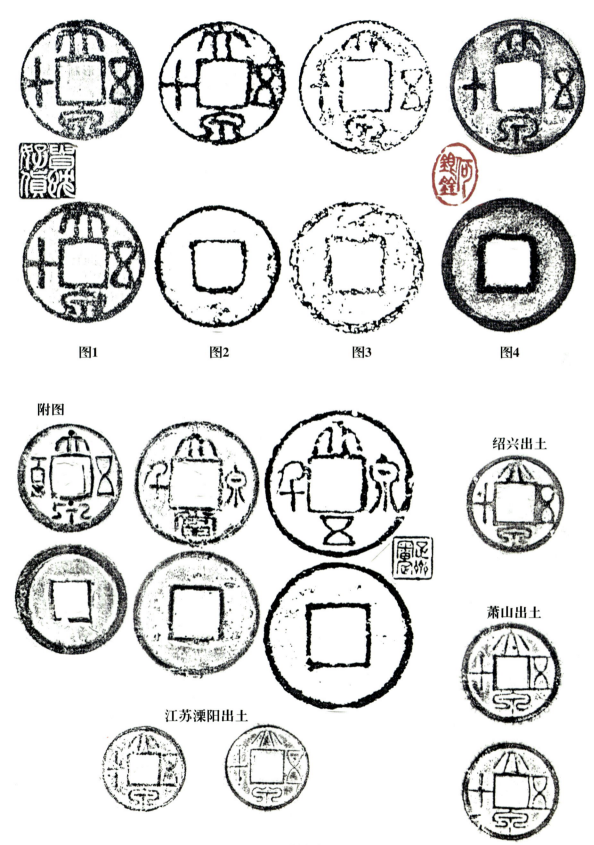

图1 图2 图3 图4

附图

绍兴出土

萧山出土

江苏溧阳出土

面背均打磨露铜，铜色表面微红（非一般所说之水红铜），笔者估计，是品若在被磨前，必在15~16g之间，厚度至少有2.3mm，愚意认为该枚"大泉五十"颇有非孙吴莫属之感。（详见后说）

综上笔者所知，已发现不同于莽制之"大泉五十"而可称孙吴或与孙吴铸钱相近之"大泉五十"实物已有5枚，且可分两个类型。

1. 钱体稍小，钱文壮满而略显呆滞，如图1、图2所示。

2. 钱体较大，钱文瘦小。特别是"泉"字，均有右倾之势，可证是一炉所铸。如图3、图4所示。

两型相比，后者钱文显得生动流畅，无呆滞之感。制作钱文更酷肖"大泉五百""大泉当千"，再观钱背，与孙吴钱一系是水乳相溶，难判泾渭，可谓一脉相承。然前者之制，与孙吴钱相较，总感到不那么贴切，钱文显得臃肿而少生气，其中尤以首字为最，"大"字之一横笔，二肩高抬而平，少孙吴钱之圆润自然之感，风格有所不同。孙仲汇先生定为"六朝"看来不无道理。建业（今南京市）作为六朝故都，后承前制尤似孙吴承袭莽制一样，相同之处亦就不足为奇了，然不同之处仍是显而易见的。先辈论泉，尝以形制文字定时代，此乃公认不易之原则，故而笔者认为图3、图4两枚"大泉五十"归属孙吴铸币较为确切，而另三枚"大泉五十"是否亦系孙吴所铸，尚可再做进一步的探究。

可能有人会疑问，大泉五十充其量币值只有当千钱的二十分之一，在已知的孙吴大钱系中面值最低，然2型钱大于一般的五百、当千、二千而与五千相仿佛。依拙见，在历朝帝王中，无论其政治稳定与否，货币总有贬值减重之情况，不过快慢而已，孙吴处于东汉末年，三国纷争，战事连年，铸币的贬值减重不会例外。以流通时间较长的大泉当千为例，见有特大型（径43mm），大型、中、小及最小型（径24mm，重3g）等多种。其大型的超过大泉二千，特大型的超过大泉五千，就是明显一例。可见孙吴每铸一种大泉，最初钱形总是比较大的，随后逐渐减重，并增铸更大面值之新币。而大泉五十是孙吴大泉系中最先出之大泉，它形体较大亦就是正常的了，待到铸大泉五百后，必定为将以前的大钱回炉改铸。而这种初铸品更是首选了。再看2型大泉五十之钱文，"大"与"泉"二字，首部均无出头笔，而其他则不然，可见由最初之不完善至完善。此亦2型大泉五十是最先铸品又一佐证。余榴梁先生断言为孙吴所铸大泉五十的初铸品之高见，笔者甚是赞同。若究其铸期愚以为必先于刘蜀在建安十九年（公元214年）成都所铸之"直百五铢"。因今见初铸型"直百五铢"直径为28mm，重8~9g，而是品"大泉五十"径36.3mm，重约16g可为佐证。

今考孙吴钱之铸期，大泉五百铸了两年后，随着蜀汉刘备的币制改革，相应增

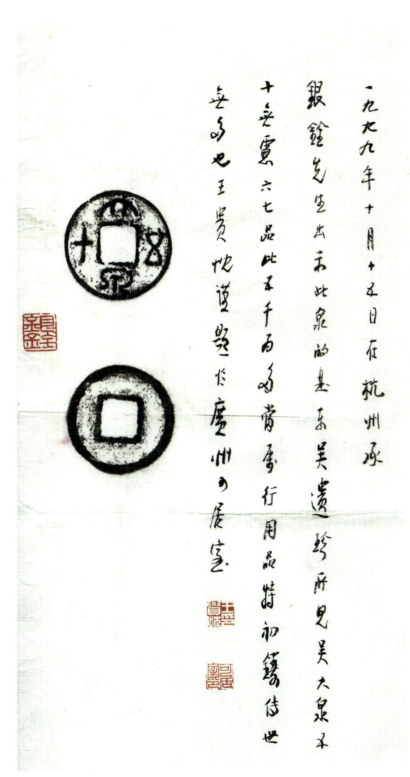

一九九九年十月十五日在杭州承

銀鉁先生出示此泉的基本吳遺珍所見吳大泉本

十一枚畏六七品此本千而多前为行用品特初鑄傳世

无可也王貴忱謹題长廈州口蹂室

铸了大泉当千，不久即铸更大的大泉二千，最后铸了大泉五千。由于这种只有空名的大值泉出现于市，使物价更进一步上涨，人间患之，"权闻百姓不以为便，省息之，铸为器物，官勿复出也"[2]。而停铸并责令上交，此事是赤乌八九年间（公元245—246年）的事，亦正是铸"大泉五千"之初，从始铸大泉五百到停铸大泉五千止，先后不过十年时间。由于大泉五千的铸期短暂，又有"将已铸的大钱改为器物已发行的责令上交，政府给值回收"之举[3]。可见"大泉五千"存世之罕见是事出有因。而"大泉五十"若从周瑜铸山为铜（建安七年，公元202年）算起，到嘉禾五年（公元236年）铸"大泉五百"止，前后长达三十余年，其间或有可能还曾铸过其他钱的话，但铸"大泉五十"的时间不会不足十年。不会少于五百或当千钱的铸期。按理"大泉五十"的存世量比之五百、当千钱显然要多得多，事实却相反，何其稀罕，就今所发现的唯初铸大样，而按孙吴铸钱史实，大泉五十亦必有减重现象产生而铸小样大泉五十，且数量不会太少。然今尚无发现，令人费解。据以上情况笔者揣度，孙吴非但铸有自己的大泉五十，在以后的贬值过程中，还曾可能借用了现成的莽制大泉五十钱范铸行，故而使得后人无法从中区分。拙见是：1. 近年隶属东吴的江浙一带常有莽制大泉五十出土，有时多达数百斤，内有大小厚薄之分，然铸作皆工，不似私铸。2. 孙吴既能沿袭王莽的钱制，那么在他需要并认为合适的时候，使用王莽旧范铸钱亦未尝不可。3. 1991年浙江萧山市（现杭州市萧山区）定山村玉湖山开山取石时，出土一坛莽制大泉五十，约数十斤，这批钱轮廓分明，似无流通痕迹，并伴有同式大泉五十之铜质母范六件④。而史载建安八年（公元203年），孙权命钟离牧在当时的东吴腹地永兴（萧山区）垦殖⑤。

这批出土的钱与范，揣测是当时军队和地方贸易所需，而又远离京都，辎重不便，便携带了现成的王莽钱范就地所铸。这种借范铸钱在历史上并非鲜见，前有汉代的五铢钱⑥，东汉初刘秀亦曾使用铸作王莽的货泉⑦。后有唐宋五代初幽州刘氏的铁货币，铁顺天元宝⑧、元代铸的大观通宝⑨等可见一斑。以上拙文乃笔者一得之见，终究如何，有待田野考古工作者及专家、同好的发现和研究，谬误之处，俯听方家指正。

（彩图1）

本文在撰写过程中，承萧山区文管会及于军先生帮助提供资料，谨致谢意。

注：
① 《上海钱币》通讯第18期。
② 《管书·食货志》。
③ 《中国货币史》第198页。
④ 萧山区文管会收藏有其中钱范五件、大泉五十80余枚。
⑤ 《南北朝前古杭州》第275页。
⑥ 《古钱币图解》绪论第23页。
⑦ 《中国货币史》第122页。
⑧ 《中国古钱谱》第175页。
⑨ 《简明钱币辞典》第300页。

（发表于：杭州市钱币学会第二届会员大会特刊1996年7月）

（彩图2）

2023年6月出现的大泉五十陶范

附录：

红陶大泉五十范，21世纪初出土于大运河西岸沿河一处名谢村的地方。距杭州拱宸桥约3.5公里许。此型陶范与萧山出土的大泉五十范是否有关联，有待日后发现与研究。（彩图1）

2023年6月杭州收藏品市场出现的一批大泉五十红陶范也在大运河河西一处余杭辖区仁和镇花园小区基建工地出土，数量不少，此地距谢村近5公里。两处均无发现铸钱遗址，揣度系制范的窑坊。（彩图2）

吴兴沈郎钱的探研

"沈郎钱"之称谓,源于《晋书·食货志》:"晋自中原丧乱,元帝过江,用孙氏旧钱,轻重杂行,大者谓之比轮,中者谓之四文,吴兴沈充又铸小钱,谓之'沈郎钱'。"此寥寥数言,抽象笼统,何者为大,中者是一当四用还是面文四字,沈充铸的小钱,小到何种程度,它的面文怎样也一概不言,这就给后人留下一个谜团。

旧谱之沈郎钱

南宋的洪遵在为沈郎钱做志时说:"旧谱曰,或言小于五铢,文字轻重未闻"并引用北宋李孝美的《历代钱谱》,而李孝美并未见过沈郎钱,是根据唐代诗人李贺"榆荚相催不知数,沈郎青钱夹城路"句,猜测而得出的结论。故而洪遵《泉志》将王莽的小五铢定为沈郎钱,一直相传八百余年。到20世纪40年代,"上海泉币学社"的先辈们为小五铢做了考证。郑家相先生研究小五铢泥残范后得出结论:"其亦为莽范无疑,旧谱以此种小五铢钱,属晋沈充铸,称为沈郎钱,今以此范证之,可以知其误矣。"[①] 张炯伯先生在《小五铢泉考》一文中言:"旧谱自引洪志记载,定为晋沈郎钱,800年来,谬讹踵,未曾纠正。近时中日泉家闻见较广,审其制作,酷似西汉,既非晋时应有,绝非私人所铸,考定为新莽之物。主张此派学说者,日本有三上香哉奥平昌洪二氏,吾国自问为首创者之一……"[②] 遂将原洪志定为沈郎钱的小五铢得以纠正为新莽之物。

近现代谱录的沈郎五铢

自鸡目五铢纠正为王莽所铸后,那么《晋书·食货志》所指的沈郎钱究为何物?日本钱币学家三上香哉推测,应是小于两汉五铢,铢字少金旁之"五朱"系沈充所铸,[③] 此说由泉界先辈丁福葆辑入《古钱大辞典》,并配上图拓。自此而后,各谱均以"五朱"称之为沈郎五铢,至今不变。但据近年考古发掘,五朱钱早在东汉已有。朱活先生曾言"但传世'五朱'钱不得均定为'沈郎钱',近年东汉末期墓亦有出土,可见'五朱'钱铸行的上限不得晚于东汉末年"[④]。孙仲汇先生在《古钱》一书中所言:"如一种小型的五朱,前人定为东晋沈充所铸,称沈郎钱,但实际上,自汉至六朝后期都有铸造,并非沈充一家。"1979年4月苏州市内出土一起完整的五铢窖藏,经整理结论是:"我们认为本期窖藏的入藏时间为东汉晚期,其上限为灵帝中平三年,下限为献帝初平元年(公元190年)。"内中就有五朱钱。邹志谅等先生在对该窖藏著文中说:"前人考说的东晋沈充的'五朱'沈郎钱,其源出自东汉晚期地方铸造的一种侵轮比较多的五铢钱"[⑤]。据上充分说明,五朱的铸造,最晚亦在东汉末期,要比东晋沈充的铸钱时间(公元323年)早一百余年。

五朱泉辨析

　　综观我国货币的产生、演变与发展有其一定的过程，所以我们在研究五铢钱的同时，有必要追溯到两汉时期，当时，又有人用五铢钱（图1），磨其外廓的方法取铜（图2），进而用剪凿之法，取铜量由小到大，而这种剪凿的方法就产生了称之为"对文"和"延环"的钱，即五朱与五金（图3、图4）若此人操作技术好的话，能将一个钱分成两个钱，可谋利一倍。在这种方法形成了五朱钱的启迪下，又产生了直接浇铸五朱，以谋其利。所以说，五朱的产生不是一事一时，而是两汉剪凿五朱钱的演变结果。现在我们见到的五朱，型体有大小厚薄之分，制作有工粗、传形之别，钱文"五"字有直笔交叉，孤笔交叉，"朱"字有方折、圆折与断笔，廓分面廓、背廓、四出等多种形式，可见它的铸作时间与区域有一定的跨度，绝非铸于一时或一地。今从笔者收集到的资料看，图5、图6、图7，是《古钱大辞典》根据三上香哉推测的沈郎五铢所配之图拓；图8是《中国古钱谱》所列称之晋沈充所铸；图9、图10是《简明钱币辞典》所列的沈郎五铢；图11是《苏州钱币》所载，1997年4月发掘的东汉晚期窑藏出土的五铢；图12~图16

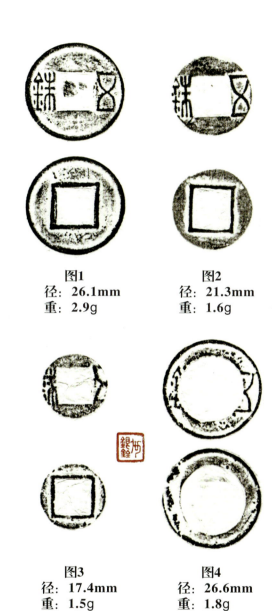

图1
径：26.1mm
重：2.9g

图2
径：21.3mm
重：1.6g

图3
径：17.4mm
重：1.5g

图4
径：26.6mm
重：1.8g

的五枚，全是余杭区苕溪出土（数据请看图下）。笔者认为，图11系东汉所铸，已是定论，图12面有外廓、背平夷、钱文具有两汉气息，图13面无外廓而背有内廓，与图3相较，简直似出一手，完全是仿剪凿五铢而浇铸的，所以说这两枚小型五朱是汉时所生产的私铸钱。后面朱字方折、断笔、钱文纤弱，或是传形，或是背四出，一望而知，应属魏晋六朝所铸，特别是以图17之五金与图16之五朱对照，乃是异曲同工，系同一时期的体系。若以此为鉴，愚以为东汉五朱与六朝五朱的区分可迎刃而解了。那么有人问，为何六朝五朱有大型的，而东汉五朱在先反而是小型的？因为汉时的五朱是谋利者私铸，若铸大了何利之有？而六朝五朱中有大型的或制作较工的，真如苏州邹志谅等先生所言："它们既不同于中央法定统一铸造，又不同于谋利者私铸，是地方铸造，因此在一定的地方范围内可以通行无阻。"当然小型的和制作粗滥的仍属当时的私铸品，而沈充是为王敦谋反夺取帝位而铸的钱，不可能粗制滥造，而去与私铸劣钱为伍，它必须具有当时仍处主要地位的魏晋五铢风格，且统一规整，似同官铸一样，只是比魏晋五铢更小了些。

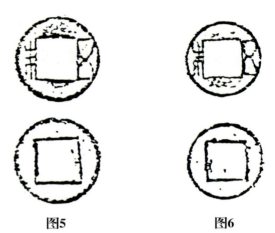

图5　　　　　图6

沈郎五铢

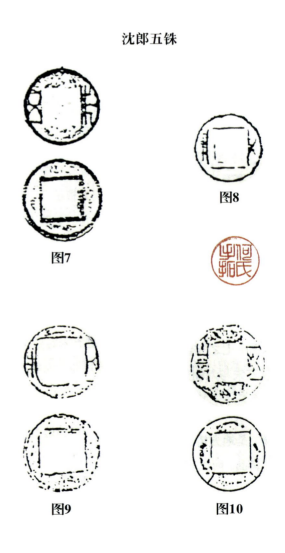

图7

图8

图11

图9　　　　　图10

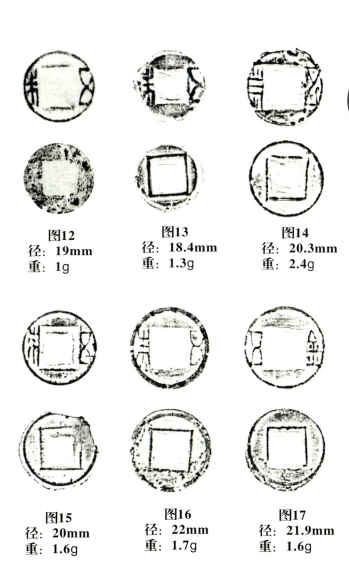

图12
径：19mm
重：1g

图13
径：18.4mm
重：1.3g

图14
径：20.3mm
重：2.4g

图15
径：20mm
重：1.6g

图16
径：22mm
重：1.7g

图17
径：21.9mm
重：1.6g

沈充其人

　　沈充，字士居（？—公元324年）晋吴兴郡武康人，官拜车骑将军，少好兵书，颇以雄豪闻于乡里。懂艺乐，有"前溪歌"传世。晋室东渡，投靠北方士族首领大将军王敦，为其参军。敦是东晋皇朝建立的大功臣，势力颇盛。时有"王与马，共天下"之称。沈充赞成王夺帝位，并为其出谋划策，深得王敦宠信。永昌元年（公元322年），敦举兵武

昌，沈充在吴兴起兵响应。敦委任沈充为大都督，督护东吴诸军事。大宁二年（公元324年）六月。肃宗明帝起兵讨敦，敦领兵向京师进发，沈充率军万余到江宁与王敦之弟王含会合，后被兖州刺史刘遐击破于青溪（今南京境），在逃亡途中误入故将吴儒家，被杀。沈充铸钱，应在王敦委以督护东吴诸军事的大都督位后，才有财力、物力、人力之便，铸钱的时间应在永昌元年到大宁二年六月之间，在这短短不足三年的时间里，铸钱不会很多。他的铸钱。或是王敦授意，抑或是对王敦的献媚，作为军饷之用，或是二者兼而有之。

（本节参考书《晋史》《资治通鉴》）

小型五铢陶范与小型五铢钱

近年，在余杭区两次出土小型五铢陶范，分细砂红陶与灰陶两种。第二次的出土量包括碎范约有三四十方。其中有数范粘叠在一起，最多的有八块。单范厚2.8~3mm，边长52mm，呈正方剜角形。范面由阴文"五铢"面背各两枚对称组成（图1），此范虽小然形制规整，做工精细，钱文点划分明，且不侵轮，绝非谋利者所能为。据出土地点的情况，并非铸钱工场。在距陶范出土约20m的周围，挖出许多破残红砖，估计是一处制范窑址。现在不但发现小型五铢钱范，同时亦见到小型五铢钱实物，如图2、图3获于杭州钱市，图4、图5获于南京朝天宫钱市，据出让者言，乃是高邮出土。出土时约有百余枚，均是同样的小五铢。图6至图8是余杭苕溪两岸零星出土，前后也有二三十枚。只是薄小锈蚀，极大部分已破碎。从余杭出土的小型五铢陶范及所见之小型五铢，笔者揣度，余杭出土的小型五铢陶范及小型五铢钱实物，二者十分相似，细廓、五字弧曲相交、朱字上下方折、钱文柔弱，无两汉五铢的雄劲、具魏晋六朝风格，故而将其列为沈郎五铢倒较为贴切。

（1）据前文陋见，五朱归属吴兴沈充所铸并无确据。

（2）在浙江区域铸五铢钱的，史料明载唯沈充一人，而今具魏晋六朝风格的小型五铢钱实物及钱范均在距沈充家乡武康不远的余杭安溪发现。

（3）清嘉庆《德清县续志》卷十记载："乾隆年间，村农于苎溪山下水边见一穴，得钱范数枚，犹粘古钱，形似五铢甚小，即所谓沈郎钱也。"[6] 这一史料，是沈充在德清铸小五铢的极好力证。

（4）据德清（今县治在武康）袁兆熊先生考证，德清现在钟官、龙溪二地史载曾为铸钱工场。而第二次出土陶范的余杭区安溪毗邻德清。晋时，余杭、武康均属吴兴郡。若以安溪制范，运送武康铸钱，亦是合乎情理的。

（5）称沈充铸的是小钱，那是因为江东钱少，货币升值，无须再铸同魏晋五铢一样大的钱而将钱改小。今此钱型体可谓小了，名副其实。

笔者钱识肤浅，谬误不足之处，还请方家同好不吝赐教。本文承同好戴梦贤先生提供实物资料，谨致谢意。

小型五铢陶范

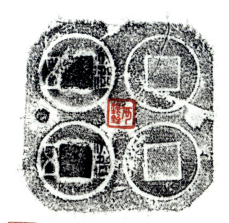

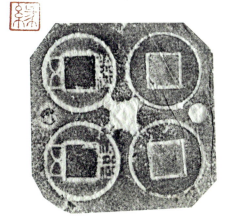

图1

图2
径： 21.4mm
重： 1.55g

图3
径： 20.6mm
重： 1.7g

图4
径： 20mm
重： 1.25g

图5
径： 19.9mm
重： 1g

图6
径： 19.1mm
重： 1g

图7
径： 18mm
重： 1.1g

图8
径： 20.2mm
重： 1g

注：
① "民国"上海泉币学社社刊《泉币》，第1期，第74页。
② 上海泉币学社社刊《泉币》，第8期，第1页。
③ 《古钱大辞典》下编，第158页。
④ 《中国钱币常识选编》第108页。
⑤ 《苏州钱币》1997年。
⑥ 德清袁兆熊：《吴兴沈郎泉之研究》。

（发表于杭州市钱币学会1997年学术研讨会论文集）

唐国大字双璧

　　20世纪的最后一年是汉历龙年。笔者在杭州收藏品市场见到两枚创见品。

　　1.隶书唐国通宝（图1）与常见品隶书大相径庭，字体魁伟，文笔清晰端庄，小平，生坑红绿锈。临平钱币爱好者老李先生从海宁一带寻觅所得，出于洪武窖藏。初获者因泉体为锈迹遮盖，认为就是一般的铜泉，日后在摩挲制拓中发现是银质币材。联系到钱文的特殊与材质的贵金属，参考两宋金银宫泉，可断此唐国通宝乃南唐李璟朝所铸之宫泉。乃各朝铸宫泉传统的又一例。

　　2.楷书唐国通宝（图2）此书体与常见的楷书唐国泾渭分明，不能同日而论，此唐国能见盛唐书法风韵，字挺形逸，笔法遒劲，具唐人法度，铿锵有声。由生坑转变成水坑，完美无缺，开门见山。此唐国的发现，印证了上海博物馆藏的大型楷书唐国通宝《上海博物馆藏钱币·魏晋隋唐卷》第408页1574图（图3）。此泉乃沪上收藏大家孙鼎捐赠。径46mm，重40.4g，可见实物大且厚重，远非篆书折十唐国可比，传世熟坑（此大唐国曾出现于1943年2月20日上海《泉币学社百次例会纪念》册内，持有人吴县卢仙裳）泉界尚无二见，当年面世曾有异议。然今有此唐国佐证，此大唐国不言自明，非镇库莫属也。余虽有泉缘，一岁中见此二品前所未闻之佳品，然无力把玩。憾矣。留此拓予自慰。

银

图1
径：23.7mm
穿：5.2mm
厚：1.2mm
重：4.1g

图2
径：24.5mm
穿：5.8mm
厚：1.6mm
重：4.3g

图3

唐國通寶大字雙璧

　　錢塘何銀銓君雅愛古泉．辛巳歲．先後
得唐國通寶各一．面文大字．右品雄渾奇
崛．為五代楷書錢文之冠．左品古樸蒼
勁．銀質或屬宮錢．均前所未聞．堪稱雙
璧．何君於一年中獲之．洵奇緣也．

　　　　　　　　　　　　　　　孫仲滙

钱币学家孙仲汇先生题拓

宋韵钱

两宋钱币选珍

白铜小穿, 崇宁通宝小平钱

宋徽宗赵佶亲书的崇宁通宝钱, 世称"钱书三杰"之一, 书曰瘦金体, 因其纤细挺秀有铁划银钩之赞誉, 再加上铸工精美, 虽传世甚多仍受古泉爱好者及书画行家看好。今存世有折十与小平两种, 其中小平钱较少见。在大小两种崇宁通宝钱中, 如仔细分辨尚有数个版式。其中有个别的钱文已经走样。如图1所示的大钱, "崇宁"两字已成真楷, 没有了铁划银钩的挺拔秀气。关于小崇宁, 常见的是一种中形字版式（图2）。据笔者所见资料, 刊小平崇宁通宝版式最多的是《古钱的鉴定和保养》一书, 共有六种版式。今笔者泉市见有一枚小平崇宁, 未见谱录, 因是水坑, 整体清晰, 白铜素背, 径23mm, 重3.3g（图3）, 此钱除首字具徽庙笔意外, 其余三字均相去甚远。特别是穿孔显得小于任何一枚小崇宁通宝。可属创见, 到笔者耄耋之年尚无二见。

图1
径: 34.4mm
重: 9.3g

图2
径: 24.3mm
重: 3.5g

图3
径: 23mm
穿: 5mm
厚: 1.5mm
重: 3.3g

放大图

（发表于:《钱币爱好者》浙江省钱币学会会刊, 1993年6月）

试论北宋"半文钱"

笔者在收藏古钱币中陆续收藏了三十几枚形制明显薄小的北宋小平钱,其中有宋元、太平、淳化、至道、咸平、祥符、天禧、天圣、景祐、皇宋(篆隶真等四式)、至和、嘉祐(篆、真二式)、治平、熙宁、元丰(篆、行二式)、元祐(篆、行三式)、绍圣(篆、行三式)、元符、圣宋(篆、真二式)、大观、政和(篆式)、宣和(隶书元宝)25个年号和7个非年号共32种。经测平均每枚径小2.2mm,轻1.3g,这些明显薄小的北宋小平钱,人们通常称之为"私铸钱"。日本古钱界谓之"恶钱"。笔者早年获一枚隶书宣和元宝小平泉,曾请教天津邱思达先生,他的观点是北宋小平泉有兄泉与弟泉之分,此品小宣和即属弟泉。此亦一说。然据笔者观察思考未必尽然。今刊出各种敝藏,以示探讨(附图)。此类小型钱与常见的北宋小平钱配比重量轻1g多。径约小1.5~3mm。然铸作规正,钱文清晰,皇宋、元丰、元祐、圣宋等还行篆成对或真篆成对。私铸是为利而来,制作越简便越好,何苦自找麻烦同一年号铸多个版式。此类小小平钱与铸作粗陋、钱面浸滟之私铸钱比较,则泾渭分明而一目了然。

近闻无锡殷国清先生云:"北宋小小平钱有宋元、咸平、祥符、皇宋、天禧、元丰、元祐、绍圣、元符、圣宋等,前五种较少,其余均有对钱、版别多种,制作精整。"苏州谢育明先生认为应称"半文钱"。笔者对此甚有同感。阐述如下:

1.此类钱的钱文已知超过北宋小平钱多半的钱文,基本上贯穿整个北宋时期,自元丰起几乎每改元必铸。

2.从所收藏品看,元丰版别最多,元丰以前尚未见过对钱,其后有多种对钱,概况能与小平钱吻合。

3.制作规正,书法文风与小平钱一脉相承,同样笔法流畅书风出自同手且不失神韵。

4.《古钱币图解》第186页最后一图宣和元宝隶书小样钱,与笔者经手小样宣和元宝隶书同版(图甲),标识三上R7,与中间的宽缘宣和元宝小字隶书,唯郭的宽狭有异,穿口、文风相同,大小明显。

5.同上第188页下排第3图宣和通宝异书背穿上陕,标识一下R8,与189页下排第1图宣和通宝背穿上陕(图乙)标识二上R7(是品小型宣和通宝背陕,民国时期杭州古泉名家,马定祥先生的老师,张季量鉴藏)两泉同文同韵出自一手而大小悬殊。

6.同上第192页第2排前两图白铜宣和通宝隶书,前者大型为样钱标识二中R8,后称小样标识二下R8(图丙)以上甲、乙、丙,三品小型钱无论老一辈还是当今名家均不称其为私铸。

7.吉林省金融研究所胡学源先生在

1993年也曾为此类半文钱联系笔者，鼓励余将此课题作深入研究，并将其收藏的半文钱拓赠笔者。

据上可证，此类钱并非我地独有，今已知江浙多见，关外亦有，估计涉及全国，只是未被重视而已。视其年号之全，贯穿北宋一朝，每更年号必铸新钱，与小平钱同制外，有的年号对钱多种，铸工不亚于对应的小平钱，堪称精美，可断必出自官炉进入流通的。然它们毕竟薄小，不能与小平钱等值，故就不称其为"小平钱"了。苏州谢育明先生称之谓"半文钱"，笔者觉得甚为妥帖。若此论能立，那么北宋方孔钱最小的值不是小平钱，而是"半文钱"。若果真如此，就将为丰富多彩的北宋钱集藏增添了一个类目。对其就不能用"私铸"一言而蔽之。

由于"半文钱"在实际使用中用途不及小平钱普及度广，钱监在铸造中不仅难度大且不合算，故而铸量不多。流传到今天就较为少见了。

上说妥否，请方家同好教正。

正样钱与半文钱的对比

径：25mm
重：4g

径：22.7mm
重：2.6g

径：24.6mm
重：3.4g

径：22.8mm
重：1.9g

径：24.6mm
重：3g

径：23.3mm
重：2.3g

径：25mm
重：3.5g

径：23.4mm
重：2.3g

径：25mm
重：3.6g

径：22.4mm
重：2.7g

径: 25mm
重: 3.7g

径: 20.5mm
重: 1g

径: 24.5mm
重: 3.8g

径: 23mm
重: 2.4g

径: 25.6mm
厚: 1.2mm
重: 4g

径: 24.3mm
厚: 1.6mm
重: 4.5g

径: 25mm
重: 3.5g

径: 22.9mm
重: 2.7g

径: 26mm
重: 3.8g

径: 24.1mm
重: 3g

径: 25.3mm
重: 4g

径: 23.4mm
重: 3.5g

径: 25.8mm
重: 3.8g

径: 22.9mm
重: 2.7g

径: 24.2mm
重: 4.9g

径: 21.9mm
重: 1.8g

径：24.5mm
重：3.4g

径：22.4mm
重：2.5g

径：23.3mm
重：1.9g

径：21.5mm
重：1.8g

径：24.8mm
厚：1mm
重：2.9g

径：23mm
厚：1.5mm
重：3.6g

径：25.3mm
重：3.8g

径：22.4mm
重：2.1g

径：25.5mm
重：3.5g

径：22.7mm
重：2.8g

径：25.5mm
重：3.5g

径：22.4mm
重：2.3g

径：24.5mm
重：4.2g

径：22.4mm
重：3.1g

径：24.5mm
重：3.8g

径：22.9mm
重：3.3g

径: 24.4mm
重: 4g

径: 22.5mm
重: 2.5g

径: 24.6mm
重: 3.2g

径: 22.2mm
重: 1.7g

径: 25.2mm
重: 4g

径: 23.4mm
重: 3.5g

径: 25.3mm
重: 4.5g

径: 22.4mm
重: 2.4g

径: 25.2mm
重: 4g

径: 22.2mm
重: 2g

径: 24mm
重: 4g

径: 22.5mm
重: 2.7g

| 径: 23.7mm
重: 2.8g | 径: 22mm
重: 2.3g | 径: 23.7mm
重: 3.5g | 径: 22mm
重: 1.75g |

径: 24.8mm　　　　径: 21.5mm
重: 3.8g　　　　　重: 2.1g

二下 R 6

径: 24.5mm　　　　径: 22.6mm
重: 3.7g　　　　　重: 1.9g

图甲
小样 三上 R 7

径: 24.8mm　　　　径: 22.6mm
重: 3.7g　　　　　重: 1.9g

图乙

异书 一下 R8

二上 R7

白铜　　　　　　　　　　　图丙
　　　　　　　　　　　　　　白铜
肥一 样钱 二中 R8　　　　小样 二下 R8

径: 21mm　　　径: 22mm
重: 1.75g　　　重: 2.25g　　　此四枚为东北发现的半文钱，泉友胡学源藏

径: 23mm　径: 22mm　径: 21mm　径: 23~25mm　径: 27mm　径: 23.2mm
重: 2g　　重: 1.9g　　重: 1.25g　重: 2.8g　　重: 4.2g　　重: 3g

此6枚为两宋私铸钱拓本，形制和文字与官炉相差甚远，也有别于半文钱的形制及文字。

（发表于《钱币爱好者》浙江省钱币学会会刊，1993年8月总第6期。）

御书绍兴通宝大钱的前世今生

靖康之变，宋室南渡，徽宗第九子赵构，字德基，在靖康二年（1128年）五月于南京应天府（今河南商丘）即位，改元建炎，建立了南宋小朝廷。靖康三年（1129年）驻跸杭州诏以州治为行宫，升杭州为临安府开南宋一朝之帝，庙号高宗。赵构秉承家学，善翰墨，所著《翰墨志》中云："束发即喜揽笔作字，……凡五十年间非大利害相妨，未始一日舍笔墨，故晚年得趣，横斜平直，随意所适，至作尺余大字肆笔皆成，每不介意……古人岂难至哉。"综观其传世翰墨，所言确不为过。今残存杭州孔庙（原南宋太学）的高宗御书八十六块石经可知其翰墨功底。后人评其"精于书法，善真、行、草书，笔法洒脱蜿丽，自然流畅，颇得晋人神韵"。赵构在位三十六年，改元凡二，建炎四，绍兴三十二年（1162年）六月丙子禅位于太子睿（即孝宗）。两宋历一十八帝共五十七个年号，唯绍兴特长。《宋史·本纪》："绍兴元年八月壬午，铸绍兴钱。"《宋史·食货志》："绍兴初，并广宁监于虔州，并永丰监于饶州，岁铸才及八万缗，以铜铁铅锡之入不及于旧。"然上两条史纪既不分大小也不明宝文。《古钱大辞典》下编第328页背末尾一行"《高宗本纪》：绍兴三年春正月。铸当十大钱"。然笔者在二十五史《宋史·本纪》查无此条，不知此纪出于何处。而今存世的御书体绍兴通宝大钱史料缺载。

（一）研究御书绍兴通宝大钱的先驱

—— 王荫嘉先生

王荫嘉先生字苍虬，号殷泉，苏州人（1892—1949年）。20世纪三四十年代著名钱币学家，民国时的《中国泉币学社》创始人之一。重视古籍版本研究，开创了钱币与各个历史时期社会、政治、经济状况相结合的研究方向。先生在阅览两宋史料中，从宋版《咸淳临安志》中发现了南宋当朝户部权侍郎林觉的记录，言绍兴丁丑年"有高宗皇帝颁降铸钱式御札""伏蒙宸翰宣示'绍兴通宝'两等"之故事。先生得此"可贵之掌故，遂使'元宝''通宝'得以划时代之先后"。先生经过13年的探究、观察，总结了绍兴通宝御书钱的鼓铸时间、大小版式等等，还发现了钱普缺载的珍罕之品。于1940年在《泉币》二期刊文"泉纬丛谈：绍兴二十七年御书通宝两等钱"。先生归纳认为：1.凡绍兴二十七年七月以前，各地所铸皆以"元宝"为文。2.绍兴二十七年七月之后，"盖至是始以'通宝'为文，御书钱样，遍颁诸州"。3.绍兴二十七年，高宗51岁，通宝钱为是年所书"较之法书题记岁月，更为有据"。4.列举绍兴通宝御书钱之种类（图1、图2、图3、图4）。5.先生经十余年"益注意于'通宝'诸钱，冀得奇品"终有成果，即常熟晚清古泉大家归公麟氏所藏旋读折三大钱（图5），经苏州周仲芬之手为江南古泉巨室齐斋入藏。再又日本货币杂志大正十一年（1922年）四月版上的旋读绍兴通宝小平型（图6）先生云："此二品字仿瘦金体，制作相同，一监所铸，大钱与'建炎重宝'相等，自为折三，当尚有折二者，如大观故事，虽乏明文可考，均出御书无疑。"此时折十型御书旋读大钱因未面世，然先生"如大观故事"一言或有所指。果不其然，在若干年后折十大钱终与泉界相会于沪上。

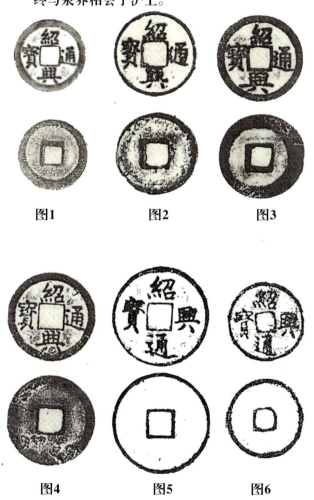

图1　　　　图2　　　　图3

图4　　　　图5　　　　图6

（二）折十大钱面世概况

1.20世纪40年代，上海首见折十型旋读御书绍兴通宝，为沪上泉估房氏所获，

后让渡给沐园罗伯昭先生，1957年罗先贤将全部藏泉捐赠给中国历史博物馆，此大绍兴也在其中。是品大泉传世熟坑，因进入流通之故。币身稍显平夷[①]。拓图刊载在戴葆庭先生的《珍泉集拓》，（图7）与常熟归氏之折三型绍兴同页，遗憾的是没有只言片语。

2.1989年春，杭州泉市出现一品。据出让者言，是品发现于市郊河道，全身铁壳锈，因出自水坑币身基本无垢，钱文清晰，因此时尚无大绍兴的资料发行，是品绍兴若与折十型大观通宝比较，显得逊色，故而无人看好。后笔者遇见，爱其文笔流畅，神韵非凡，索值能受，终成笔者藏品至今。（图8）

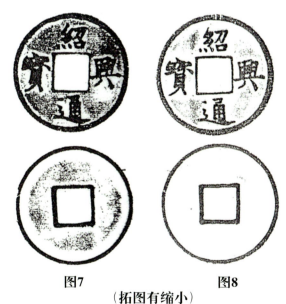

图7　　　　图8

（拓图有缩小）

3.20世纪90年代（继杭州一品之后）北京发现一品，为京中古泉名家毕先生所获，即今星国陈光扬先生之藏，与前二品同版式，唯通字"甬"部第三

笔收笔处外撇有异，因未见实物，不明异处原因，然笔者依据所知四泉同式揣测，此异非书法文笔所致，或有铸作中之它果。（图9）

4.21世纪初，浙江嘉兴王新龙先生新得一品，曾持泉赴笔者舍中比对，同版同式，确真无疑。（图10）

据笔者陋见，旋读御书绍兴通宝折十大泉就此四品。

图9

图10
（按图缩小）②

（三）当今泉界旋读型御书绍兴通宝钱现状

折十型大泉就上述已知四枚。王荫嘉先生发现的折三型至今仍是孤品，小平型至今亦无二见，披露的实物原在日本，今是否存世无人知晓，国人更无从说起。大小三品认定断为高宗御笔，然审视三泉文字各自为体、互不雷同，而又笔势流畅、一脉相承，神韵互为贯通。近年市间屡见生坑旋读型绍兴通

宝御书钱，不论大小都有，有藏家集得一式生坑小平（图11）、折二（图12）、折三（图13）、折十（图14）成套的，更有称初铸大样折十型的（图15），版式与新国陈先生所藏之品相同，通字"甬"部第三笔外撇，无论大小均是如此。钱文四字唯大小之别一成不变，笔笔清晰，甚是精美。如果与前三式比较，钱文形似而神远，再看钱背穿宽大，内郭粗劣生硬。这是因为好事者未曾亲睹真品，而陈先生所藏大绍兴据笔者所知拓片从未流出过，故而好事者只能据网上贴图依葫芦画瓢。当今经济社会，收藏界花样百出，只要有利可图就无所不用其极。爱好者真要慎之又慎。

（四）当今铸钱之典范

在古泉界作伪不在少数，挖补，改刻，臆造，真泉作模翻铸，据图拓制版浇铸，等等。但一般也就做几枚或做一种式样，不会做成套成系列的，因为一多容易露馅，引人生疑，但就是有好事者胆大妄为，一做则成套，并还变着花样，有面文旋读的一套（图11—图14），再有顺读的一套（图16—图19），令人目不暇接。如此高超的制钱工艺，有赖于当今的电脑制版，可随心所欲而千面一色。试想，如此多的珍罕之品，出谱品全朝一个方向跑，你不感到奇怪吗？古人铸钱是给当代百姓实用的，并没有想到今人会爱惜珍藏，故而在大批量生产过程中不会顾及一枚钱的细部，但必有其特殊性（时代特征），同时又具备普遍性（同时代钱的共性）。看来好事者既缺少泉识，亦没见识过王荫嘉先辈的文

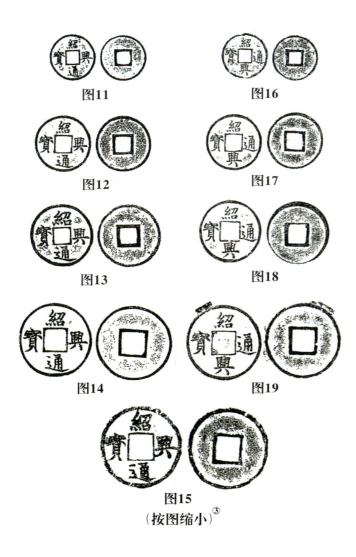

图11

图16

图12

图17

图13

图18

图14

图19

图15
（按图缩小）③

章，才会闹此笑话。

后记

古董作伪历代有之，古泉币更是灾难深重，因为爱它者甚众，作伪容易，特别是当今太平盛世收藏成风，古泉币爱好者队伍不断壮大，自从网络出现，更是鼓动新生代的泉币收藏热，同时也为好事者带来生财之道，泉币界良莠不齐，鱼目混珠，不乏上当受骗的嗜泉者。笔者作为一名上了年岁的过来人，为后来者讲讲心得是义不容辞之举。记得2011年春，浙江一位泉界游侠与几位同好到舍下论泉，曾对笔者求让大绍兴，余说市间有卖价且不高，彼说就只要高价的，最后余婉辞盛意并承告市间大绍兴之出处。次年九月初，笔者护送孙赴粤求学，特去穗城纵原邮币卡市场探寻大绍兴之事。大侠所言确凿，但因来晚了业已停铸有时。拙文中笔者所藏之绍兴通宝

御书大泉，马定祥先生生前曾书嘱"珍藏之"。因而笔者历二十五个春秋一直珍爱有加且感触尤深，故对当今之乱象一吐为快。个中不足或误还望方家同好斧正。谢谢！

注：
① 马定祥先生生前面授笔者。
② 图9、10录于华夏古泉网图库。
③ 图11、图12、图13、图14、图15、图16、图17、图18、图19共九图均录于《浙江钱币》2014年第6期。

御书绍兴通宝乌背与素背之探讨

南宋《咸淳临安志》载，关于绍兴通宝御书钱铸造的记录："户部长贰厅，在天官厅前之左，西出第一位。有高宗皇帝颁降铸钱式御札。曰：'大小钱样付卿。'乌背者，制作颇精，与开元崇宁所铸相似。然恐费工难办。素背者，似可作式样。仰更看详。……"个中所指"乌背者""素背者"是指两种版式的御书绍兴通宝钱。从传世御书绍兴通宝钱实物分辨，有直读、旋读两大类。一类是当今较多见的直读型绍兴通宝宽缘小平、折二、折三（图1—图3），及狭缘折二、折三（图4、图5）。第二类是存世稀罕的旋读仿瘦金书绍兴通宝小平、折三（亦有定折五）、折十已知的三种（图6、图7、图8）。据存世实物分析，直读型的背浅平，钱式御札中称为"素背者"，作为鼓铸的式样，就是今天所常见的绍兴通宝。素背，在泉家术语中是指钱背无文字、无文饰，亦称光幕。在此御札中"素背"是指钱背浅平，容易翻砂制模。而仿瘦金的旋读型背廓深峻，与徽宗朝的崇宁御书钱可有一比，"制作颇精，然恐费工难办"，使得翻砂制模难度大、要求高，所以这个式样就不作鼓铸，只留下当时的少数样钱，经近千年的流传，存世稀罕亦不足为奇了。此即费工难办而不采用的"乌背者"。然此称谓是指形还是指色，今人疑惑。

江苏兴化地区，有用废杂铜铸作家用小件铜器的船只流动于苏浙一带，笔者

曾见铸铜船家在浇铸铜液前用柴油燃烧产生的浓烟熏烤器模范腔。笔者请教操作师傅此举的目的，师傅说这一层油烟起到间隔作用，使铜液成器型后容易提取铜件而不损坏模具。笔者饶有兴趣地观看了铸作的全过程，事后看到铸件基本带有油烟的黑色，在器件的边角凹陷处会残留更多油烟。及此联想到曾见史料，清时钱局翻砂铸钱亦有用松香或清油熏模一法。或许就是铸钱中最考究难办的方法。

21世纪初，安徽枞阳段长江黄沙中发现巨量的瘦金书崇宁通宝大钱，这是钱局运送新铸货币的沉船，所以这批崇宁通宝钱还未进入流通使用，感觉版式单一，其中有不少钱面或背呈黑灰色。有泉友甚至感觉长江出水的崇宁钱地章都刷黑漆之说。不由联想到在研究整理御书绍兴通宝钱过程中提到的"乌背者"。崇宁通宝钱文乃徽宗御书，绍兴通宝高宗御书，父子家学一脉相承，两朝的铸钱工艺也有法可依。宋《食货志》："崇宁四年立钱纲验样法，崇宁监以所铸御书当十钱来上……诏颁其式于诸路，令赤仄乌背书划分明……"其中所指的"赤仄乌背"，"赤"古代称金为黄金、银为白金、铜为赤金。"仄"即"侧"，故"赤仄"就是钱局给翻砂制好的钱经剉边、滚边两道工艺后形成的裸露铜钱本色。（古泉界先辈郑家相解释：赤仄为磨光其边侧）乌背即今实物已见的

黑色钱背。那么问题是这钱背的黑色是如何形成的？笔者揣度，为确保御书钱的精美漂亮书划分明，徽宗朝会不惜工本。钱局用燃烧松脂清油等法将钱模熏过，在钱模上形成一层黑色浓胭，范沙也就成了黑色，这就是长江崇宁钱地章乌背之来由。而人们现在接触到的崇宁通宝已是进入流通，经无数人的使用触摸及岁月的历练千变万化，早已改变了原有面貌品相，然仍能有机会看到乌背（笔者在古钱币收藏过程中看到，乌背的古泉元明两朝也能见到）。北宋末年，高宗赵构遭靖康之灾南渡，兵荒马乱，国库空虚。在绍兴二十七年（1157年）铸绍兴通宝时，为避免"费工难办"只得用简便的"素背者作式样"。从文献的记载到实物的展现，可断"乌背者"指的是钱背黑色，是由于有黑色的范沙痕迹残留于钱背。高宗御书的旋读绍兴通宝钱由于与徽宗御书崇宁通宝钱一样制作颇精，铸造工艺亦必然依法炮制。其结果绍兴通宝钱亦有类似崇宁钱的黑背，但此法只能在铸作小量的试铸钱时产用，若进入批量鼓铸就力不从心了，只能放弃。制作颇精，费工难办的"乌背者"而换铸"素背者"。依笔者拙见，这就是铸钱御札中称"乌背者"的原因。可见"乌背者"三字是指色，凡背乌色的钱币一定是不同于寻常，显得格外漂亮，也就是文廓深峻制作精美的钱币。

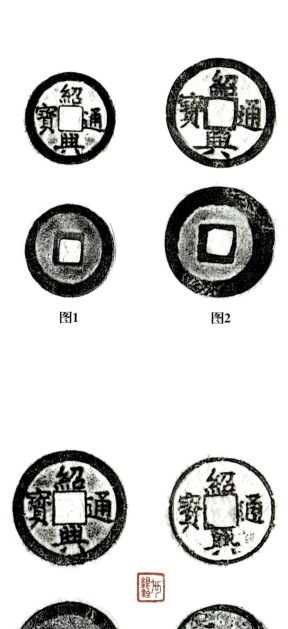

图1　　　　图2

图3　　　　图4

图5

图6

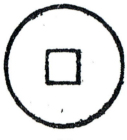

图7

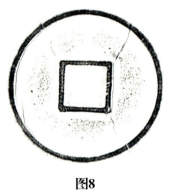

图8

长江安徽段沉船
出水的未流通品崇宁通宝

绍兴元宝篆书折十大钱的商榷

《中国钱币》2007年第3期《南宋钱币的新收获》一文（下简称《新收获》），内中一品绍兴元宝篆书折十大钱（图1）。作者陈述："1998年在德清（浙江省湖州市辖县）下舍新安村施工中出土了一批古钱，其中发现有一枚绍兴元宝篆书折十大钱，铜质，文字深峻，硬绿锈满身，钱径40mm，穿12mm，厚3.2mm，重19.5g旋读，与绍兴通宝折十大钱的大小、厚薄基本一样。这说明绍兴通宝、绍兴元宝折十大钱当时都曾铸造过试样钱，但因南宋初年铜紧缺而未流通。"《新收获》作者后在2010年编著的《中华古钱藏珍》一书中言："绍兴元宝折十大钱当时都曾铸造过试样钱而未颁行。前谱无载，存世仅见，南宋钱中大珍。"数年前笔者有幸摩挲目睹实物，确实是生坑绿锈，是我们江浙常见的坑口，开门见山，然而笔者在观赏之后总有一丝感觉不爽。在经历了这几年的思考，泉币网络等学习及信息量的增加，笔者试对这枚"绍兴元宝"篆书折十大钱谈谈观感。

（一）对古钱币真伪的辨别，戴志强先生曾著文说："鉴定时，要看钱的神韵，是否符合那个时代、那一区域的特征，当然每个钱都有它的个性，但个性总超越不出它的时代特征。"[1]笔者早年受教过古泉界前辈，牢记一句辨伪的要言："看一枚古泉，它的第一眼较关要紧。"寻常提及的"神韵不足""文笔乏神""笔力软弱"等等都是对一枚古泉有不足之处的表象评述，也可以说是第一眼的初论。当然对一枚泉的定论，还需从形制、文字、锈色、铜质，音色等多个方面甄别。

（二）绍兴元宝篆书大钱固然是孤品，但还有篆书小平与折二，折二的篆书元宝钱在江浙一带的窖藏中是常见品，若依小平与折二的篆书对照这枚大钱，其篆法显得如此别扭。按理讲大钱铸造的精整度比小型钱容易，而今反之，不合常理。所见无论是实物还是史料，小平以及折二的素背，背上仰月和上月下星，枚枚都是篆法中规中矩，文笔精整流畅，神韵落落大方。今笔者特将藏品中的小平（图2原大为径24.1mm，厚1.4mm，重4.1g）折二（图3原大为径27.7mm，厚1.4mm，重4.8g）做了1.5倍的放大图，与大篆书做个对照，二者的文笔何其不类，尤其是"绍"字，大钱之"绍"左右两部旁畏首畏尾、颇不协调，四字不仅全无神韵可言，就连字形也失之千里。

（三）戴志强先生告诫："钱背虽然没有文字，但每枚钱的时代特征，它们独有的制作风格却熔铸在其间，因此，对于钱币鉴定，钱背同样至关重要"[2]。宋高宗铸有御书绍兴通宝折十大钱，即《新收获》作者所提及的"绍兴通宝折十大钱"，首枚发现在20世纪40年代的

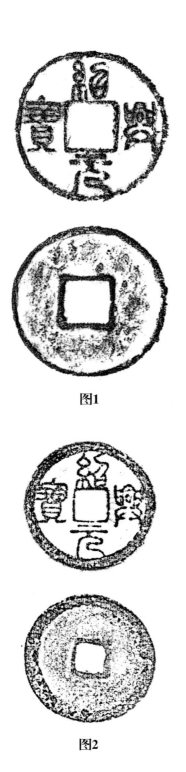

图1

图2

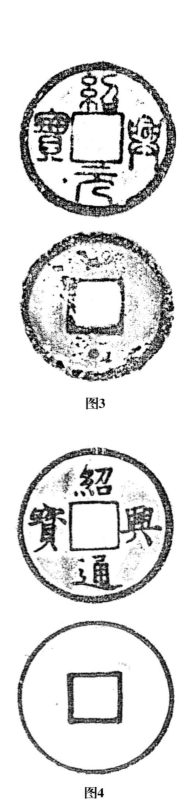

图3

图4

上海，拓图刊于戴葆庭先辈的《珍泉集拓》。20世纪90年代笔者获过一枚（图4，径41.5mm，厚3.2mm，重15.5g），与戴先辈拓图同一版式。足证高宗秉承徽庙之绪，其遗风还波及金、元二朝。《新收获》作者多次多处强调："绍兴元宝篆书折十大钱，与绍兴通宝折十大钱的大小、厚薄基本一样，这说明绍兴通宝、绍兴元宝折十大钱当时都曾铸造过试样钱，但因南宋初年铜紧缺而未流通。"据此论说可断，元宝与通宝两泉可谓高宗朝的姊妹钱，但今两钱比较，却完全看不出同时代特征的共性。无论是形制的工整规范程度，还是钱文的秀美流畅之神韵，都无法同日而论。笔者更觉得元宝钱的背郭与蒙文大元（图5，径40.3mm，厚3.5mm，重23g）之背倒有异曲同工之妙。

综上所思，笔者认为此绍兴元宝篆书大钱乃好事者所臆伪，且是近人制作，采用挖补术，挑选生坑蒙文大元剔除面文，用同坑的锈块等贴补而成。此笔者一家之言，是否合乎逻辑望专家同好赐教。

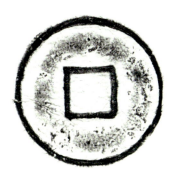

图5

注：
① 戴志强：《有关钱币鉴定的几点体会》，《中国钱币》1992年第2期。
② 戴志强：《略论中国钱币的鉴定》，《中国钱币论文集》1998年第3辑。

杭州发现南宋宫钱

"寿慈万春"方孔圆钱，银质，面文楷书旋读、素背，钱径21.9mm，穿4.3mm，厚1.5mm，重3.8g（如图），是近年杭州所出。

有关南宋宫钱在《古钱大辞典》[①]、《中国货币史》[②]、《泉币》[③]等著作中有载，然均未录此寿慈万春钱。按"寿慈"一词见《宋史·宁宗本纪》，庆元二年五月甲辰更慈福宫为寿慈宫。又：嘉泰二年十二月甲戌率群臣奉上寿成惠圣慈佑太皇太后尊号册宝于寿慈宫。可知"寿慈宫"一词乃为孝宗朝皇后谢氏之居宫名。《乐志》载："嘉泰二年恭上太皇太后册宝八首。其中一曰寿慈宫册宝入门。"可见庆典隆重非同一般。此后寿慈宫在开禧二年（1206年）二月焚于大火，寿成太皇太后移居皇宫。次年五月病故，自嘉泰二年为寿成太皇太后寿庆之后，史册再无有关她寿庆方面的记载。据此可断，该钱乃是宁宗为孝宗谢皇后寿庆所铸，时间当在嘉泰二年（1202年）。

古泉界先辈张公午先生生前与笔者谈起杭城泉界旧事时言及，曾获1936年古荡出土的南宋宫钱，其中一枚"寿慈万寿"银质小钱，篆书且"慈"字篆法特别（此钱后归绿雪馆主）。

径: 21.9mm
穿: 4.3mm
厚: 1.5mm
重: 3.8g

注：
① 《坤宁万寿》，《古钱大辞典拾遗》下编第11页。
② 《中国货币史》第五章两宋的货币。
③ 《泉纬丛谈》，《泉币》第2期，第14页。

（发表于《中国钱币》1994年第1期）

南宋"福宁、坤宁、慈宁"万寿钱考

宫泉，是现今泉界对古代帝皇宫中为节庆大典而特铸钱的总称。它是只用于朝聘、馈赠、赏赐、撒帐及用于宫廷装饰，而不参与流通的特制钱币之称谓。若以方孔铸钱论，可追溯到西汉的金五铢[①]。到唐代已十分盛行，如西安曾一次出土窖藏金银开元通宝451枚之多[②]，但这些宫钱的形制、文字都与当时的流通铸币相同。发展到两宋，宫钱的铸造一发而不可收，"宣和年间金人攻下汴京的时候，在宫中发现金钱七十一贯，银钱一百四十二贯"[③]"南宋时有人发掘徽、钦、高、孝、光五帝陵和孟、韦、吴、谢四后陵发现金钱以万计"[④]，可见一斑。在历代王朝中，南宋可说是金银宫钱最多的朝代。其中，北宋铸的宫钱与南宋铸的宫钱是有区别的。北宋之宫钱，一般泉文形制与行用钱相仿，所不同的是其币材都取金银，也有些钱文书体或称宝（元宝、通宝）与行用品有异。到了南宋，一变北宋只用行用钱钱文之旧制，还铸了宫名钱、生辰钱、吉语钱等；在币材上，不光采用金银，同时亦用铜质，更加丰富了宫钱的内容和形式，在历朝的宫钱铸作中独树一帜。笔者今就三枚南宋的帝、后宫名之宫钱，作一番探讨，以求教于方家同好。

福宁万寿宫钱

福宁万寿宫钱，金质（图1，原刊《泉币》第2期第14页）王荫嘉先辈在民国28年（1939年）秋所获，据传是高邮泉家宣愚公旧藏[⑤]。另一枚银质（图2），民国25年（1936年）杭州古荡出土，为杭人张公午先辈觅得，后归陈仁涛氏收藏[⑥]。对于福宁万寿金泉，先辈曾有评说："则此品为太上皇帝（高宗）八旬万寿，天申节亲书所铸，以颁赏群臣也。"然笔者在考阅《宋史》后，另有陋见，陈述如下。"福宁"是两宋皇帝之寝宫名，最早见于《宋史·仁宗本纪》："嘉祐八年（1063年）三月辛未，帝崩于福宁殿，遗制皇子即皇帝位，继后的英宗、神宗、哲宗均亦殁于福宁殿"[⑦]。徽宗是元符三年（1098年）七月戊辰上宝册于福宁殿即皇帝位，宣和七年（1125年）十二月内禅入居龙德宫。钦宗即位初，因畏惧朝政日衰，时局的风雨飘摇，金兵兵临城下之危局，曾一度托病辞却内禅，有搬出福宁殿之事[⑧]。

"靖康之变"宋室南渡，绍兴八年（1138年）赵构定都临安，行建宫室太庙沿袭旧制，高宗所御寝殿仍曰福宁。绍兴三十二年（1162年）高宗内禅，移御新建之德寿宫。绍熙五年（1194年）七月，光宗称疾不能为孝宗执丧，高宗宪圣太皇太后命皇子嘉王即位皇帝，庙号宁宗。已尊为太上皇的光宗本打算搬至新建的泰安宫，然宁宗诏称："太上皇帝未须移御，即以寝殿为泰安宫。"冬十月便另建福宁新殿[⑨]。以后宁宗、度宗都是在位时崩于福宁殿。⑩以上史料所载，自北宋仁宗始（1023年）到南宋度宗于咸淳十年（1274年）崩于福宁殿，历时十二帝经二百五十余年，都以"福宁"为寝宫名，如果帝位内禅后须移御他殿，如钦宗即位初欲辞却内禅"出卧福宁殿"，光宗禅位后即使仍留居福宁殿，亦得将殿更名作"泰安宫"。可知"福宁"乃是两宋皇帝在位时的专用寝宫名，否则是不能享用"福宁"一词的《宋史·孝宗本纪》淳熙三年（1176年）三月丙申，以太上皇寿七十，诏礼官讨论庆寿典礼。十二月甲午，朝德寿宫行庆寿礼。十二年（1185年）八月癸亥，诏太上皇寿八十，令有司议庆寿礼。十二月庚戌，率群臣奉太上皇太上皇后册宝于德寿宫。这两次高宗之大寿节，事前均诏礼官讨论筹备寿庆之事，算得上隆重大典，但亦只能在高宗的寝宫"德寿宫"庆贺，今世之"德寿重宝"（图6）便是佐证。另有旧谱所述之"重华万寿"乃是孝宗禅位后以其居宫名所铸的万寿泉。综上所述，愚以为以上两枚福宁万寿宫泉，应是在位皇帝之万寿泉，而不是已尊为太上皇高宗赵构的祝寿泉。

坤宁万寿宫钱

坤宁万寿钱，铜质（图3）是杭人张季量先辈所藏，是品20世纪40年代发现于金陵。"坤宁"乃是宋徽宗结发之妻显恭王皇后之寝宫名，元符三年（1100年）四月生钦宗于此宫。显恭王皇后并无大寿，在大观二年（1108年）九月作故，享年只有

25岁，在当时亦可算短命的了，何寿之有。然审坤宁泉之形制，属南宋时物，据《宋史》所载，两宋各朝皇帝及皇后寝宫之名，各有所专，从不重复。今坤宁泉铸于南宋，而名在北宋，道理何在。见《宋史·高宗本纪》："绍兴十三年二月己酉，建景灵宫奉安累朝神御。"《宋史·乐志》第九十条下："景灵宫奉安神御三首"诗之后"安恭皇后上仙发引一首"诗曰："金殿晚愁结，坤宁天下母，忽仙升云山，浩浩归何处。"《宋史·后妃列传》："徽宗显恭王皇后，开封人……大观二年九月癸酉崩，年二十五，谥曰静和，葬裕陵之次，绍兴中始附徽宗庙室，改上今谥号。"显恭王皇后生于元丰六年（1083年），绍兴十三年（1143年）是她的60诞辰。据此笔者揣度，绍兴十二年（1142年）宋高宗将徽、钦二帝之神位奉安太庙时，同时将徽宗结发皇后、钦宗生母显恭王皇后的神位一同奉安，此枚坤宁万寿泉是在这次奉安神位时铸的阴寿用寿庆泉。相对而言，此泉的铸作规格级位亦稍低了，不但泉型小且是铜质。

慈宁万寿宫钱

慈宁万寿，银质鎏金（图4）1995年元旦孙仲汇先生获于金陵，乃南宋宫泉之创见新品，1997年杭人章国强先生在绍兴亦获一品，同式同质（图5）。考"慈宁"一词，系宋高宗生母宣和皇太后之居宫名。《宋史·高宗本纪》："绍兴九年春正月癸巳建皇太后宫。九月甲午名皇太后宫曰

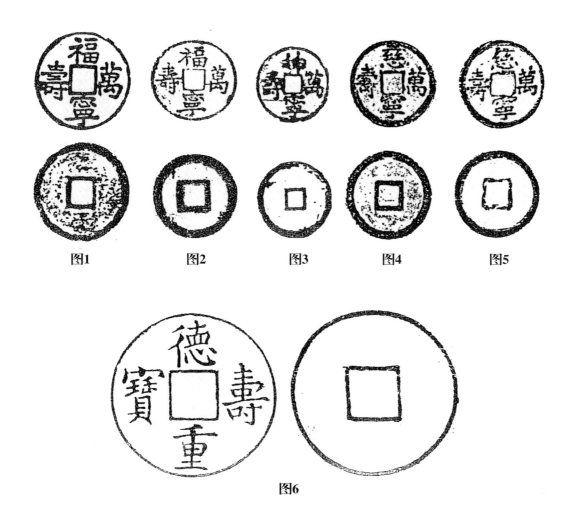

图1　　　　　图2　　　　　图3　　　　　图4　　　　　图5

图6

慈宁。冬十月戊辰，慈宁宫成。"然此时皇太后人还远在金地五国城受囚，高宗生母韦氏，史称韦贤妃，此封号是宣和七年（1125年）十二月徽宗内禅龙德宫后，于靖康元年（1126年）册封韦氏为龙德宫贤妃。二年（1127年），汴京城破，徽、钦二帝为金人所俘，韦贤妃随帝北迁。建炎元年（1127年），高宗即帝位遥尊生母为宣和皇

后。直至绍兴十二年（1142年）八月，金人才将韦贤妃并同徽宗梓宫送还临安，高宗亲率銮驾仪仗到南宋京城北大门临平奉迎。空锁了三年之久的慈宁宫，才迎入了她的主人——宣和皇太后。其后在绍兴十九年（1149年）和二十九年（1159年），是皇太后的七十和八十大寿，高宗"谐慈宁殿行庆寿礼"。可见慈宁万寿泉应是赵构为其母宣

和皇太后祝大寿时所铸的万寿泉。

尾声

福宁万寿金泉。笔者始见于1988年再版的《泉币》第2期，而后上海出版的《古钱币图解》第210页，亦刊有福宁万寿图拓，图下标二上R9，表明是孤品，而不标币材，按常规，古泉币图拓只表非铜质的，反之即是铜质。经细辨此二图相同，应是同一枚泉，难道是印刷中的漏误？笔者就此曾请教过作者先生，答复是："我没有做过金相化验，但据我的目测，实是铜质，铜质很好，带金黄色泽。"因为金与铜两者相去甚远，一般同好只能观赏书中图拓，无法见庐山真面目，笔者既然有此过程，理当奉告，可做个参考。

注：
① 《洛阳新发现的西汉金五铢初探》，《中国钱币》1991年第4期。
② 《西安何家村唐代窖藏钱币的研究》，《中国钱币》1984年第3期。
③④ 彭信威：《中国货币史》，1988年版，第421页。
④ 上海泉币学社：《泉币》，1940年第2期，第14页。
⑥ 张公午先生生前口授。
⑦⑨⑩ 《宋史·本纪》。
⑧ 《宋史·列传耿南仲》。

（原载于《中国钱币》2006年第3期）

银铸大观通宝钱我见

2013年夏，华东师范大学朱浒先生莅临舍下，交谈中给笔者观赏一枚大钱，余接过钱币眼前顿一明亮，这是一枚折三型银铸大观通宝，旋读型，钱文明显徽宗瘦金书，然又觉迥异，乃一前所未闻之创见品，朱教授开言道："何先生感觉如何，可断哪个朝代？"余不假思索曰："似曾相识！与敝藏大绍兴一手所书，尤显思陵'楷法清逸，行草浑成'。行云流水而不失去徽庙风骨。虽是其父前朝之年号，但并非徽宗朝铸，乃高宗朝物，赵构在绍祚中兴时追思其父而特铸，钱文排列亦是一证。大观通宝四字非赵构莫属。"教授含笑颔首应允。

径：35.8mm
重：12g

（朱浒先生面赐）

（附：这品银铸大观通宝折三钱，朱浒教授曾发表在《中国钱币》2013年第5期。）

南宋宫泉"正始千秋"再说

今所刊"正始千秋"两泉，出土于1993年杭城南宋御河东岸清泰街凝海巷一土阜。据所处环境地貌揣度，古时曾建过府第豪宅，为杭城泉友裘先生所得。杭城虽说发现过多次南宋宫泉，然而同处同时发现同文一对只此一例，可谓泉界幸事。此类宫泉虽非正用品，然所铸毕竟有限，传至今日，已是凤毛麟角，向为藏家艳羡。就此笔者附加浅说，聊志感想。

两泉均为银质平泉型。其一，泉身呈微黄，系银质鎏金，径21.5mm，穿4.4mm，厚1.3mm，重4.45g。惜初获得者缺乏古钱常识，欲探是否金质，以硬物锤之，致使珍泉面目损伤甚重，遂成憾事。其二，银质，通体银白少垢，铸作精工，字廓挺拔，钱文眉清目秀，纤而不弱，见是品方知前品庐山真面目。径22mm，穿4.2mm，厚1.5mm、重3.9g。南宋宫泉，已知有年号、宫名、生辰、喜庆、吉语，而此泉别树一帜，名曰"正始千秋"。查史料，曾有以"正始"为年号的：一、三国曹魏，齐王曹芳公元240—248年，共享九年。二、十六国北燕天王高云，于公元407—409年前后用了三年。三、南北朝北魏宣武帝元恪，于公元504—507年，共享四年。但观今之正始银泉，无论是形制，还是钱文书写，与上面三个

年号是没有关系的。成书于公元6世纪的《昭明文选》中有论述"正始"二字者，《文选卜商毛诗序》："《周南》《召南》，正始之道，王化之基。"唐人刘良注："正始之道，谓正王道之始也。靖康之变，赵构南渡，后偏安杭州。"开南宋一朝之帝，可谓始也。宰相汪作彦《中兴日历》记录建炎之事，中有耿南仲议曰："王者即位，探一元之意，以正本始……"[1]尚书右丞，中书侍郎朱胜非上疏曰："……陛下即位，宜一明正始之道，思其合于仁义者行之，不合者置之，则可以攘却四夷，绍复大业矣。"[2]赵构在绍兴元年制一玉玺文曰："大宋受命中兴之宝。"[3]上述史载，均与钱文先后呼应。

然南渡初，高宗东西奔波居无定处，惶惶不可终日。建炎三年（1129年）"秋七月，辛卯升杭州为临安府"。直到绍兴八年（1138年）才定临安府为行在。十一年（1141年），与金朝订下"绍兴和议"，割地赔银，称臣纳贡[4]从此，自认为天下太平，再不思图复，苟安一隅。置中原百姓"遗民泪尽胡尘里，南望王师又一年"而不顾，却"暖风熏得游人醉，直把杭州作汴州"。虽有金邦之"黄雀

银

径：22mm
穿：4.2mm
厚：1.5mm
重：3.9g

银鎏金

径：21.5mm
穿：4.4mm
厚：1.3mm
重：4.45g

（裘虎逸同好赐拓）

在后"，仍歌舞升平，效仿宋太祖之制，大搞大朝庆礼，"以明天子之尊"⑤。史载绍兴十五年（1145年）正月，"御大庆殿初行大朝会礼"⑥。设黄麾大仗五千余人，登歌宫，架乐舞，国家大庆，四方来贺⑦。典礼隆重，非同一般。笔者揣度，高宗在此大典之中，必循前朝有制作纪念性的宫钱之惯例。为彰显"正王道之始"，开炉鼓铸"正始千秋"宫泉，祈求江山万代，用以分赏赐赠公卿大臣，以示庆贺。故此，笔者以为"正始千秋"银质及银质鎏金宫泉，是高宗赵构绍兴十五年（1145年）大朝会礼庆典时所铸。

以上管见，请方家同好斧正。

注释：
① 罗伯昭：《建炎改元始末》，《泉币》第17期，第3页。
② 朱胜非：《宋史列传》卷一二一。
③《舆服六》，《宋史·舆服志》卷一百七。
④ 郑天庭、谭其骧主编：《中国历史大辞典》，《宋史册》，上海辞书出版社，2010年9月，第315页。
⑤⑥⑦《宋史》卷一百十六《礼志》第六十九，大朝会礼。

（原载于《中国钱币》2015年第3期）

南宋宫钱新品介绍

如松柏之茂

今秋，绍兴同好史君惠让一枚名副其实的花钱，银质为梅花形，面文五字真楷，顺时针旋读"如松柏之茂"，素背，经测最大泉径23.3mm，穿4.2mm，厚1.4mm，重2.9g。显然是一异形创见之品，甚可为珍。现附拓片于后，因惜其易遭破裂而拓不能精，承史君告：此泉绍兴所出，或有南宋宫泉之可能。审视该泉，文字秀丽，笔力遒劲，字郭深峻，内含小方穿，一眼可知出于官炉无疑，并显南宋宫泉特式。然又一变常态以形制文，以文生形，泉文凡而不俗，透露皇家之气，形文相映，相得益彰，非一般民间吉语花钱可与伦比，此钱匠心独具，史君之言不差。

绍兴，乃南宋六陵之所在，是我国江南唯一的大型皇家陵区，始营于绍兴元年。是年四月，北宋哲宗帝皇后孟氏，因南渡之初，戎马倥偬疲于奔命之中病倒在绍兴城，为承袭先朝遗风，择址城郊宝山上皇村厝葬，此后，高、孝、光、宁、理、度等帝后均先后安葬在此。随着众多帝后陵的建成，大量的金银宫钱亦随之入土成了瘗钱。南宋时有人盗陵，《癸辛杂识》记载："至十一月复掘徽、钦、高、孝、光五帝陵，孟韦谢四后陵，……金钱以万计，为尸气所蚀，如铜铁，以故诸凶弃而不取，往往为村民所得。"[1]这就是现在绍兴能多次发现南宋宫泉之缘由。在此前所面世，

径：23.3mm
穿：4.2mm
厚：1.4mm
重：2.9g

的南宋宫泉，已达30余枚，均为方孔圆钱，此异形成梅花状，使人疑惑。其实，早在20世纪40年代，泉界先辈王荫嘉先生在论"福寿万宁"金钱一文中，已提及有梅花形的宫泉，文曰："民国廿五年，杭州古荡忽有金银钱出土，时齐斋适在其处，尽搜购，获与此同质之金钱，具梅花、方胜等形，面文皆作吉语，四字五字不等。"[2]只可惜先生有文无拓，而今日此钱的出现，足可补先生之说。在南宋宫泉中，纯吉语之花泉，笔者见有"衍华千春""蕃衍盛大""本支百世""福寿千春""永保千春""富寿康宁"等等，加上今日"如松柏之茂"。可见，贵为天子的皇

家巨族，亦与寻常百姓人家一样，存有一个美好的愿望——万年香火不断，盼望多子多孙，儿孙满堂，奢望一家独尊的帝皇之业世代延展，永坐江山。这枚梅花形宫泉的发现，岂止是为南宋宫泉增加一个新品，亦可为研究南宋宫泉多了一个实物资料。以上陋见，望诸位方家同好斧正。

注：
① 《中国货币史》第五章"两宋的货币第一节之二金银和金银钱"注释……（43）
② 《泉币》第2期，第21页。

（发表于：《杭州钱币》2001年1月总第44期。）

天基万寿 银质宫泉

《宋史》所载，两宋各帝生日均定有节名。南宋理宗赵昀生于开禧元年正月初五。嘉定十七年（1224年）十一月乙丑诏以生日"天基节"。故知此钱为理宗寿庆所铸。其寿五十有九，自嘉定十七年十一月登基，经用宝庆、绍定、端平、嘉熙、淳祐、宝祐、开庆、景定等八个年号共达四十年之久。居南宋各帝在位时长之首。至今除"天基万寿"外还发现数种万寿钱，如"绍定万岁""绍定万寿""端平通宝""宝祐万年""景定万年"等。据钱文书

体判定，"天基万寿"铸作较晚，估计不会早于"宝 万年"宫钱。钱币家孙仲汇先生曾告知，"文化大革命"前见过一枚铜质大型的天基钱，钱文书法及铸作甚精美，亦为理宗宫钱，然今则不知流落何处矣。

银鎏金

径：22mm
穿：3.7mm
厚：1.5mm
重：4g

（裘虎逸同好赐拓）

（发表于《钱币爱好者》浙江省钱币学会会刊1996年1月）

南宋太平通宝宫泉

　　两宋时期，宫廷中曾铸造过大量的金银宫钱，用于吉庆赏赐或馈赠。此外，在帝王后妃崩薨后，亦用于殉葬。《中国货币史》中，彭信威教授有过详述："宣和年间金人攻入汴京的时候，在宫中发现金钱71贯，银钱142贯。""南宋时有人发掘徽、钦、高、孝，光五帝陵和孟、韦、吴、谢四后陵，发现金钱以万计。"金银系贵金属，是财富的象征，一向为人们所重视。故而金银钱在漫长的历史中，由于战争、掠夺、熔化、湮没，至今所剩无几，寥若晨星。颇受当今古钱爱好者的青睐。在所知存世的金银宫钱中，犹以"太平通宝"为多，钱文书体有隶楷之分，币材有金银及铜质。据其形制文风，南北两宋可谓泾渭分明。笔者今就南宋宫钱太平通宝做个介绍。

　　宋室南渡后，虽偏安一方，然铸宫钱之风长盛不衰，不光铸有年号钱，更有宫名、吉语、生辰、庙佛等钱（恕笔者另不赘述）。就太平通宝而言，不仅有金银，再添铜质一种，钱形文风一改北宋的臃肿拘谨，制作精美，文笔纤细遒劲。

　　1. 金太平（图1），径19.5 mm，重3.2g。此版式民国时罗沐园先辈有藏（详见中国泉币学社社刊《泉币》第29期第10页）时隔一甲子才见同版式，可谓稀罕。

　　2. 银太平（图2），径21.5mm，重2.4g。由蔡清源先生从北京古玩城拍得。银质太平通宝有多个版式，此式最近瘦金体。

3. 铜太平（图3），径22.25mm，重4g。2015年北京一泉币网站发现。当时标明参考品，笔者经细辨，与早年所获太平通宝铜品同版式（图4）。可惜当时之太平通宝泉肉内有四个大孔，故憾而让于泉友，日后再无二遇。不料二十余年后见此完美之品不胜喜悦，终圆夙愿。

对于此类太平通宝以往有同好专家认为属北宋时物，缘于泉文笔法属徽宗瘦金书类，然以余陋见，泉文虽有瘦金笔意，要知高宗亦一书法能手，家学甚厚，书承徽庙乃情理中事。然从形制而言，南宋的宫泉泉面内外细郭，穿显狭小，背郭外细内阔是其特征，有别于北宋金太平形态（图5）罗先辈断金太平出于孝陵不无道理。笔者更趋高宗朝物。今奉同好鉴赏，还望斧正。

图1
径：19.5mm
穿：5mm
厚：1mm
重：3.2g

金

银

图2
径：21.5mm
厚：1.2mm
重：2.4g

铜

图3
径：22.3mm
厚：1.7mm
重：4g

铜

图4
径：21.4mm
重：2.6g

1990年旧藏，发现于杭城泉市，地章有四孔

图5
径：20.2mm
重：3.6g

南宋银铤

2006年，笔者参加古泉园地南京年会时，拜识当地一位丁姓泉友，经其介绍曾观赏了一枚南宋二十五两的银铤，重930g，正面密密麻麻錾刻着文字，经笔者考证辨析如下，遗憾未能完整辨认，谨望高人赐教。

安吉州[①]
今起发进奉淳祐柒年（1247年）
天基圣节银壹阡两并部□提刑司[②]刑贰伯伍拾
共壹阡贰伯伍拾两计伍拾叁铤前赴抵
行在左藏[③]西十人纳者
□□郎安吉州州学教授[④]擢添□通判[⑤]
朝散郎[⑥]通判□州军□□□□□□谥
朝散郎集英殿修撰[⑦]知安□□□□□蔡□

安吉州
今起发进奉淳祐柒年
天基圣节银壹阡两并部□提刑司刑贰伯伍拾
共壹阡贰伯伍拾两计伍拾叁铤前赴抵
行在左藏西十人纳者
□□郎安吉州州学教授擢添□通判
朝散郎通判□州军□□□□□□谥
朝散郎集英殿修撰知安□□□□□□□蔡□

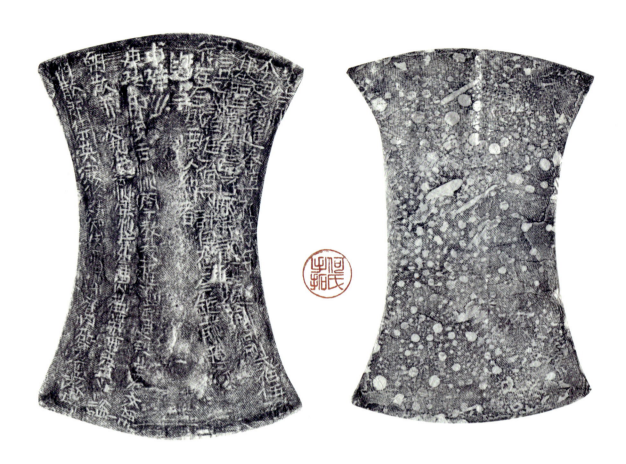

注：《宋史·理宗本纪》：宋理宗，名昀，太祖十世孙，太祖子德芳后。开禧元年（1208年）正月癸亥生（正月初五）生日为天基节
宝庆二年（1226年）六月壬寅，诏以孔子五十二代孙万春袭封衍圣公。十月辛亥改湖州为安吉州。

端平三年（1236年）春正月朔，以星行失度，雷发非时，罢天基节。

景定五年（1264年）十月乙丑，诏行关子铜钱法，每百作七十七文足，以一准十八界会之三。帝有疾，不视朝。

丙寅大赦，丁卯，帝崩，遗诏皇太子　即皇帝位。

咸淳元年（1265年）三月甲申，葬于会稽之永穆陵。

注释：

① 即旧称湖州。

② 提点刑狱司，负责本路司法刑狱，巡察贼盗等事，兼管坑冶，催督经总制钱。

③ 官库名，掌收受各地财赋收入，供给官吏及军兵俸禄。

④ 学官名，各州州学设教授。

⑤ 通判为州府副长官，有监察所在州府官员之权，战时则专任钱粮之责。

⑥ 相当于寄禄官，起居舍人记皇帝言行、朝廷大事等。

⑦ 官名，南宋用以尊崇六部权侍郎之补外官者，地位次于待制。

附录：朝散郎，起居舍人异名同职。
行在即临安府。

一泉双 "宝" 重文钱——南宋宝庆元宝钱漫谈

宝庆元宝，铸于南宋理宗登基的首个年号期间。现见到的实物均为铁钱，有小平背穿上 "汉" 下俯月（见右下图）。折三型的，背文有 "定三" "惠三" "惠正二" "惠正三" "宝三" 等。小平行用于两淮，折三行用在川陕一带。铸行区域各不相同。按两宋共有四个带宝字的年号，南北两宋各有两个，北宋的开宝年号是太祖时期，当时铸的是宋元通宝。仁宗时的宝元年号铸的是皇宋通宝。南宋的宝庆年间，按《宋史·理宗纪》宝庆元年七月乙酉，诏行大宋元宝钱。《宋史·食货志》宝庆元年新钱以大宋元宝为文，并无铸宝庆钱之言，今此实物已补了史缺。后来的宝祐年间只有皇宋元宝。在以上含 "宝" 字的四个年号内都铸有大量的非年号钱，唯有宝庆留此一例年号钱。既然宝庆元年七月就行用大宋元宝钱，那么这大宋元宝就得在诏前的六个月中铸就，而这宝庆钱必然是铸在大宋钱之前。可见铸宝庆钱的时间是短之又短，可以说是在刚开铸旋即停而改铸 "大宋" 之文。这是为什么呢？个中原因宋代大文豪欧阳修在他的《归田录》中曰："国家开宝中铸钱文曰宋元通宝，宝元中曰皇宋，以文不可重也。"欧阳文忠公景祐年间做过史官，身经宝元年号之时，后官至宰相之尊。他所言必定有依据。或许当朝将 "文不可重" 立入相关钱法等等。从宝元（1038—1039年）到宝庆（1225—1227年）时隔186年之久，大约小朝廷已将祖宗之法淡漠了，一旦有史官上言即作更改。故此发生了宝庆在开铸之始的短暂时间内就改铸大宋。而后的宝祐年间就没再铸年号钱而以皇宋元宝代之。可见欧阳文忠公之言 "以文不可重也" 成祖宗规矩。理宗朝的这一偶尔疏忽，倒给我国的古泉丰富了内容，笔者觉得是件幸事。是钱数年前获于高邮同好处，泉虽不算珍贵，然笔者十分喜欢，一来它是唯一的重文正用品，可说是十分偶然之泉，二来它背面的上汉下月，每当笔者欣赏的时候，总会联想到古典名曲——汉宫秋月，耳边会回荡起悠扬悦耳、抒情委婉的琴声，使人浮想联翩，陶醉于月明风清之中。

径：26mm
重：5.9g

（发表于《杭州钱币》1998年第6期）

南宋伍佰文铅牌辩

本刊第七期一文提到"准伍佰文省"铅牌及"准一十文省"等小面值铅牌。文中关于五百文铅牌，曾见专家著文言属赝品。笔者就此班门弄斧，谈点体会。

五百文大面值铅牌（刊于《中国钱币》1988年第2期）为近年发现（图1），记载先后共有4枚，同一版式，均非杭城本土所出。笔者在1988年亦先后发现见过两枚大面值铅质钱牌，面"临安府行用"，背"准壹佰文省"第一枚见于临平，收藏于余杭区文管所。临平，位于杭城东北近郊，是南宋时杭州城北门要道。是牌通体铅黑色，系传世熟坑（图3）。第二枚出土在杭城省府大楼附近的基建工地，略显灰白色生坑。两牌同版式。为了得到进一步鉴定，笔者特请教先辈马定祥先生（在此之前，马老另见过五百文铅牌）。马老见笔者所拓之当百铅牌甚感欣喜，断定是南宋行用真品，乃是一大创见。并告知："民国时只有四十文与一十文铅牌。四十文铅牌高翰伯、蒋伯埙各得一品，一十文铅牌曾四见，分两式，今均存上海博物馆。"此枚一百文铅牌后经孙仲汇、陈浩（浙江省博物馆）俩先生鉴定，确系南宋真品无疑。这一百文铅牌之发现，填补了百文钱牌之空缺。为昔年罗伯昭先生考"贰"即"二"之高论佐以力证。至此，共发现铜钱牌实物有二百文两式，三百文三式，五百文三式，计三等八式。铅质一十文

二式，二十文一式，四十文一式，一百文一式，五百文一式，共计五等六式。然将铜铅两类钱牌拓图并列比较，从形制到钱文风格使人一目了然，泾渭分明。一十、二十、四十、一百文铅牌自成一体。二百、三百、五百文铜牌又一体系。笔者揣度两种钱牌并非同时所铸，必有先后。然而五百文铅牌则独成一体。论质地是铅，理应与铅牌一系，但格格不入。反与《历代古钱图说》第130页背面第3图之五百文铜牌（图2）类似，使人顿生疑窦，此乃其一。

其二，"钱牌因面值不同而大小有所不等，一般来说，面值越高形体铖大，反之亦然"（陈浩先生言），而五百文铅牌反比百文铅牌小了许多，即便与面值相同的铜牌相比，亦是形体最小，于情于理不符。

其三，吴自牧《梦粱录》卷13《都市钱会》条下有："朝省因钱法不通，杭州增造镴牌，以便行用。"（现今杭州俗语中，铅或铅锡合金通称为镴）从币材上讲，铅比铜贱。实物是一百文铅牌大于五百文铜牌，四十文铅牌大于二百文铜牌，体现出铅值贱，铜值贵，情理相通。然这五百文铅牌不但小于一百文铅牌，还小于五百文铜牌，如此贵贱颠倒、本末倒置的行为，岂不是给"朝省因钱法不通"之困境雪上加霜乎。

其四，《古钱币图解》第57页"……其伪品的数量也超过了真品，曾见过五百

文铅牌伪品，为近年来新铸"。

其五，史料记载，钱牌多出土在杭州，而今这五百文铅牌出土地远离杭城。钱牌只局限于临安府行用，携往他地，便成废物。而这五百文钱已非小数额，竟使其弃之不用有违人之常理。

综上拙见，这枚五百文铅质钱牌，不可能是临安府为"朝省因钱法不通"而特以铸造的行用品。一家之见，还请方家同好斧正。

图2

长：75mm　宽：24mm　重：32.8g

图1

长：72mm

宽：23mm

重：32g

铅

图3

长：87mm　宽：28mm　重：30g

（发表于：《钱币爱好者》浙江省钱币学会会刊，1994年3月总第11期）

（进入21世纪，杭城基建不断，新发现大小面值的铅牌量不在少数，还创见陆拾、捌拾等前所未闻之铅牌，然未见有本文之伍佰文同款铅牌）

阜昌钱

　　阜昌，大宋叛臣，金国儿皇帝刘豫年号。身为地方大员，济南知府，在金兵犯境之时，不率军民全力御敌，反殊害抗金名将，开城纳印投敌。金太宗完颜晟册封其为儿皇帝，国号齐，年号阜昌。刘豫为虎作伥，聚财无度，金天会十五年（1137年）被废。前后做了八年伪儿皇，因死在临潢（今辽宁巴林左旗南），身败名裂，遗臭万年。所铸铜钱有称元宝的小平，称通宝的折二，重宝的折三。均篆楷成对，有大宋宣和朝的清秀风貌，楷书钱文连笔意亦清晰纤毫而受今爱好者青睐。

径：25.2mm	径：34.5mm
厚：2mm	厚：2mm
重：3.1g	重：11.1g

金钱二珍

　　金国钱币以精美著称，传世所知之皇统元宝，崇庆、贞祐等无不名贯泉界的大珍，钱文端庄秀美。这得益于金人掌握了北宋陕西炉的鼓铸本领不无关联。且提倡汉化，到章宗完颜璟（1168—1208年）成为汉文化最好的一代金帝。

　　大定通宝，金世宗完颜雍铸于大定十八年（1178年），仿宋大观钱瘦金书，今所列背穿上申小平钱径22mm，厚1.7mm，重3.5g比平常普品穿上申径小2.6mm，钱文颇含铁钱文筋骨，20世纪90年代洪武窖藏发现，未见谱录，笔者至今未见有同款再现。

　　泰和重宝折三型，传世熟坑，存世极罕，钱文玉筋篆（有误称为玉筯篆，"玉筋"乃"玉筯"之误，筯即箸，筷子也）相传为金翰林学士党怀英所篆。其山东泰安人（1134—1211年）大定进士，工篆籀，今曲阜孔庙内杏坛石碑，上篆斗大"杏坛"二字即党怀英手书，矩法森严，厚重渊雅，深得李阳冰之法。坊间曾一度传说是钱系灵隐寺知客僧朗悟旧物。此乃以讹传讹，实得于京杭国道瓶窑山里的一位老僧人。

金国货币

径：22mm
厚：1.7mm
重：3.5g

泰和重宝折三型
（王鸿喜先生旧藏）
径：31mm
厚：2mm
重：8.5g

径：24.1mm
重：3.4g

钱罐　北宋越窑钱罐及罐藏宋钱

改革开放后，杭州城的基建是热火朝天，在住宅区域的施工中，经常会发现小瓷罐（附图）。有小瓷罐必定会有古钱币。因为先人们在营造新屋时，多会遵照堪舆师的话，在屋基地的某处埋藏一罐钱币，以奠祭堪舆，祀求新居顺顺当当、事事如意的心愿。这个习俗是有悠久历史传统的。据此罐获得人讲，小罐发现时内有12枚北宋太平通宝与1枚南宋的绍兴元宝楷书小平钱。可以想象，绍兴年间有人在此处建造新居，由于当时金国不断入侵宋廷，民不聊生，能过太平日子为百姓最大的心愿了。

（瓷罐外壁施青白釉，斜肩部印有菊瓣纹，上腹印缠枝纹花卉，高60mm，腹径70mm，口径43mm，底径40mm，重95g，遗憾的是少了盖子）

端平通宝宫钱 真伪对比

径：15mm
穿：9mm
厚：1.5mm
重：2.1g

银

（赵宝鸿君藏）

真品放大图

伪品放大图

径：15.4mm   径：14.7mm
厚：1.9mm   厚：1.7mm
重：2.6g   重：1.9g

从真伪品的对比图观察现在的作伪技术，
令人生畏

两宋钱币鉴赏（一）

北宋 崇宁通宝 正字中缘 长江坑
径：36.6mm
重：11.6g

北宋 崇宁通宝 短尾通
径：34.5mm
重：12.5g

北宋 崇宁通宝 遒劲昂宁
径：34.8mm
重：10.3g

北宋 崇宁通宝 平尾通
径：34mm
重：8.5g

北宋 崇宁通宝 异书
径：34.7mm
重：11g

北宋 崇宁重宝 美制
径：35mm
重：11g

北宋 崇宁通宝 宽字
径：35.6mm
重：12g

北宋 崇宁重宝 纤字狭足崇
径：36.4mm
重：10g

两宋钱币鉴赏（二）

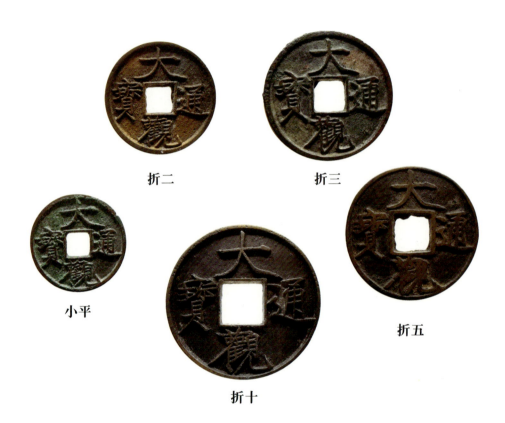

折二　　　　　　折三

小平

折五

折十

北宋 大观通宝 折值钱一套

小平	折二	折三	折五	折十
径：25.5mm	径：29.5mm	径：34.3mm	径：35.3mm	径：41mm
重：4g	重：8.3g	重：10g	重：8.2g	重：18.5g

北宋 大观通宝 俯大
径：41.5mm
重：18.5g

北宋 大观通宝 狭俯大
径：41.2mm
重：17.5g

两宋钱币鉴赏（三）

北宋 靖康元宝
径：30.6mm
重：6.2g

南宋 建炎重宝
径：34.2mm
重：7g

南宋 端平通宝 阔郭细字
径：36.8mm
重：10.8g

南宋 淳祐通宝 当百 小样
径：36mm
重：13g

两宋钱币鉴赏（四）

南宋 淳祐通宝 当百

径：52mm
穿：12.4mm
厚：3.2mm
重：37g

南宋 嘉定元宝 折十

径：52.8mm
穿：12.2mm
厚：3mm
重：37g

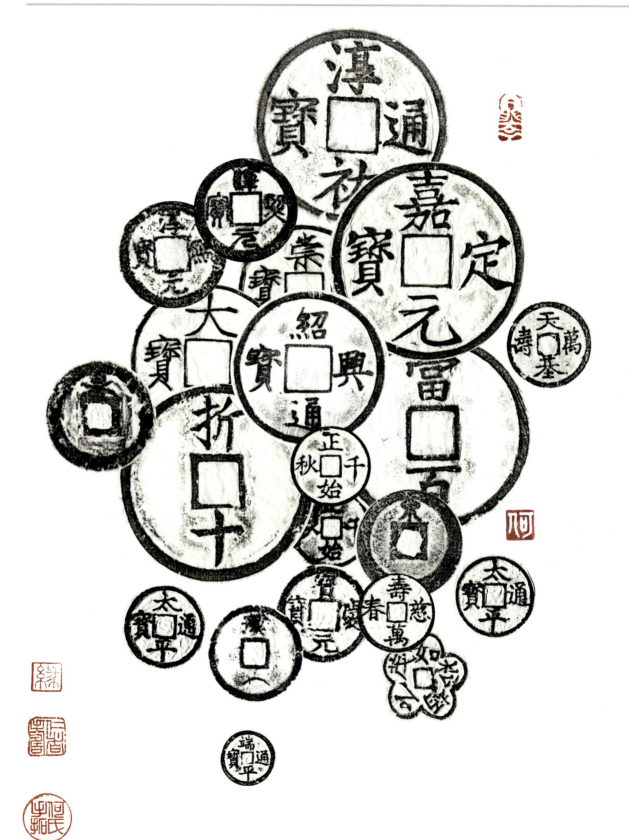

明清钱

明清时期钱币选珍

泉 言 碎 语

试论大中、洪武钱先后铸期

笔者是钱币爱好者，由于我们杭州一般的大中、洪武钱较为常见，因而诱发了笔者对其中监名及普通钱变化的兴趣，今借此机会，谈谈对大中、洪武钱的几点浅见，不畏贻笑大方，望同好斧正。

一、纪监大中之铸期

大中通宝乃明太祖朱元璋所铸，有两种版式，一为光背，二为纪监。在翻阅有关图谱资料时，发现对大中通宝光背与纪监二式钱币，有不同的归类，有统称元代钱，亦有统称明代钱。称大中钱属于元末农民起义钱的，认为都铸于洪武年前，洪武纪监钱是仿大中钱制。另一种观点认为大中钱是明太祖朱元璋所铸，归属明钱。笔者思考再三，认为应有区别。大中光背式铸于洪武年前，当时朱元璋是红巾军队伍的义军首领之一，应属于起义钱。纪监式铸于朱元璋称帝后，他已背叛农民军，蜕变为封建统治的总代表，所以说，纪监大中钱不能算起义钱，并且是仿洪武钱制而铸行的。

为什么说纪监大中铸于朱元璋称帝之后？拙见有六：

1.元末农民起义军有龙凤、大义、天启和天定等，全是光背式。唯有一度投降过元朝朝廷的张士诚承至正钱之风尚，铸纪值钱。朱元璋铸大中光背式是随义军钱的时尚主流。从铸钱工艺上讲单面钱文比正背两面文容易。铸繁杂之纪监式有违

一时之风尚，似不可思议，更何况当时战事频繁，作为一支义军在财力和铜源上是否有能力兼顾。

2.朱元璋最早铸大中钱是至正二十一年（1361年），在所占应天府设宝源局始铸大中钱，尚属韩林儿麾下为吴国公。到至正二十四年（1364年）灭陈友谅，自立吴王于江西行省设货泉局颁大中通宝五等钱制，均没有提及背铸监名。

3.今所见之大中监名有京、浙、豫、福、广、济、鄂、桂、北平，加史书明记之江西，共计十行省，几及全国。而颁大中五等钱式，时在至正二十四年（1364年），元顺帝惠宗还稳坐大都，朱元璋远未一统天下，并没有占领如此多的行省。

4.江西货泉局铸有大中通宝五等钱，史书明载。而今所见九监却未见江西或江西行省的简称监名。可证洪武前并没有纪监式铸钱。

5.纪监中的"京"与"北平"二监名，其中京是指朱元璋称帝所在地南京，南京一名是洪武元年（1368年）八月由应天府改名而来；北平原是元朝京都，时称大都，洪武元年八月才改称北平。在洪武年前是无此二地名的。

6.洪武元年鼓铸的洪武纪监钱与大中纪监钱何其相似，计大中四十七品，洪武四十七品，除大中多一小平左广、北平左十及十广的字位有异。洪武多一小平桂与

缶宝福外，其余背文均一模一样。

综上所述，我们可以得出大中纪监钱铸于朱元璋称帝后，并按洪武钱制补铸，与洪武纪监钱是同时同地鼓铸的结论。

朱元璋何故有了新的洪武年号后还要再铸已过时的大中钱呢？这是因为朱元璋在义军时已铸过不少大中钱，与龙凤、天启、大义、天佑等义军钱同为流通。封建王朝概称义军钱为"寇钱"，而朱元璋登上帝位后就是真命天子，岂容大中通宝与其他的义军钱相提并论，真所谓"成者为王，败者为寇"。为了给大中钱正名，表明其是大明皇帝之诰命钱，因而朱元璋在铸洪武钱的同时再铸了同式的大中钱，目的是抬高原有大中钱的身价地位，故而才有大中纪监钱的面世，所以说大中纪监式是鼓铸于建元洪武并仿洪武之制。

二、改铸大钱为小钱缘由之探究

《明史·食货志》："洪武四年改铸大中、洪武通宝大钱为小钱。初宝源局钱铸'京'字于背，后多不铸。民间无'京'字者不行，故改铸小钱以便之。"

在这段史料中，未言及改铸后之小钱仍是大中、洪武两种，还是只铸洪武一种。为什么建国之初的洪武四年就匆匆改大钱为小钱。笔者就此做如下探究。

明太祖朱元璋为了给登基前铸的大中通宝钱正名，抬高其身价地位，在建元洪武后，在鼓铸洪武钱的同时按制再铸大中钱。京师宝源局在钱背加铸监名"京"，但在登基前的至正二十四年，朱元璋已铸有五等制大中通宝钱，除当十钱背穿上十字外，其余均光背，看来补铸大中纪监钱却意外弄巧成拙，造成"民间无京字者不行"的后果。

宋元以来，在位各帝一旦变更年号，大多更铸新钱，这是几百年形成的祖宗之法，朱元璋既然已称帝建元，铸造洪武通宝才名正言顺，再鼓铸大中钱终究不妥。笔者集藏过程中，常见背十豫十浙大中多于洪武，洪武京十多于大中京十，但奇怪的是，无论大中洪武背京，凡是折五、折三，都十分稀少，折二、小平，更是凤毛麟角。对比豫、浙二监的同类泉，存世量相差悬殊。

从洪武窖藏钱币的出土情况看，最多见的是洪武通宝光背小钱，动辄成百上千，大中小平百不足一。

1992年广西某地出土洪武窖藏钱币16公斤，共计4100余枚，都是清一色的光背小洪武，版式比较单一。据陋见揣测，这次的大钱改铸小钱只铸洪武通宝小平钱，背文不再加监名，为纠转"民间无京字者不行"的惯例。

三、洪武纪重钱开铸时间之商榷

有专家提出洪武纪重钱铸于洪武元年，笔者认为尚有商榷之可能，今班门弄斧，列拙见如下：

1.洪武钱五等制分别颁于洪武元年和洪武二十二年，有纪监、纪重两式，据笔者前文论知，洪武纪监钱鼓铸于洪武元年，那么洪武二十二年的五等钱制可能就是纪重钱了。

2.如果纪重钱铸于洪武元年，那么当时仿洪武纪监式的大中钱，应既有纪监式，又有纪重式。而大中钱无纪重式，可证纪监与纪重二式并非同时铸行。

3.洪武纪监钱有九监，综观各监书风，笔力遒劲，丰腴端庄，钱文风格各领风骚。而纪重钱文，文笔涩呆，似一手所出。彭信威教授认为是京师宝源局所铸不无道理。如果纪监钱与纪重钱同时在宝源局所铸，何故二者钱文风格大相径庭。可见二者非同时而铸，必有先后。

4.《明史·食货志》载："洪武二十二年始更定钱式，生铜一斤铸小钱有九十，折二钱多之，当三至当十倍……"文中所谓"始更定"顾名思义是更改原有版式，开始重新定个钱式。已知洪武元年铸的纪监式，那么更改后的钱式与前有异，并且亦是从小钱，折二、折三、折五、折十五等钱制。可见，这次更改后的钱式非纪重式莫属。

径：24mm　　　　径：24mm
重：4.9g　　　　重：5g

径：24.5mm　　　径：24.6mm
重：3.6g　　　　重：3.4g

径：39.2mm
重：16.5g

径：39.8mm
重：16.8g

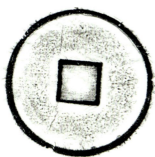

径：39.5mm
重：16g

径：40.2mm
重：16.3g

洪武光背平钱趣谈

彭信威教授在《中国货币史》中云："洪武钱虽然经常停铸，但小钱种类很多，特别是光背的版别非常多 ……"现实确实如此，近年来由于杭州地区陆续出土过几次洪武窖藏，随之而出的光背小洪武为数十分可观。给爱好者带来收藏的天时、地利之优势。明朝钱币从永乐通宝后，钱文书体渐趋呆板，基本无可观可言。然而，明初的洪武钱承元代至正之遗风，规范工整，颇具气度，钱文书写丰腴端庄，洒脱秀丽，比前朝并不逊色，书风不拘一格，各具千秋。

然洪武的纪监式多寡悬殊，如济、鄂、京、广寮若星晨甚是难求，只得知难而退求其次。

愚以为，在其求不到稀罕品的时候，那就在普通常品中觅乐趣。或分监版式，或观其与众有异者等等，倒亦略有所获。今将敝藏奉示同好，意在抛砖引玉，亦可算是自得其乐吧。

（一）浙版小平

纪监式小平钱有单点与双点通二式，然光背只有双点通，且有大、小之分。单点与双点通纪监式之多寡，笔者陋见，在常情之下，可能是以千比一。

浙版光背二式

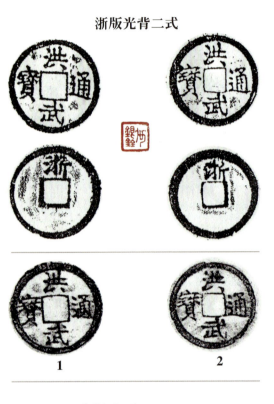

1　　　　　2

（二）豫版小平

唯双点通一式，最近豫面文笔。

1.面径小0.14mm的正样。

2.草头洪：此泉"洪"字书写不同，共字上部左右不相连，成草字头。

此体"洪"字在书圣王羲之七世孙智永禅师所书"千字文"内即有此写法。

3.角尺洪：此泉变化亦在"洪"字，共字上部右半呈90°的直角，书法颇趣，不知出于何处典故。

4.下点武：此泉的"武"字写法很少见，将其一点下移，此式最早是王荫嘉先辈所发现。在明末之隆武、昭武二钱亦有此写法，且颇多见，约源于此洪武之下点，可算下点武之开山祖。

5.通下星：是泉通字下加点，亦可称下星，揣度属铸炉纪别亦未可知，所见稀罕。

以上2、3两泉从其面文笔及书写神韵看，归入豫版并无大碍，然另有此面版6、7二式见有背北平者，笔者哑言了。

豫版光背五式

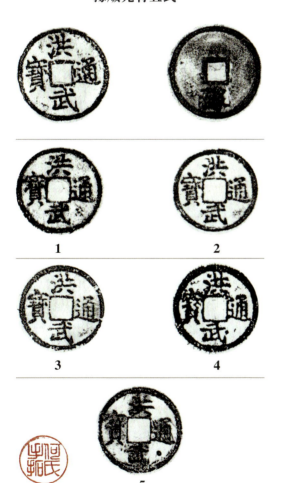

1

2

3

4

5

6

7

6、7豫面背北平两式，个中缘由揣测北平监委托豫监相助，或是北平监借用豫监模版不得而知。还望高手解惑。

（三）北平版小平

北平单点通面文，与前豫面双点通北平相较泾渭分明，各具特式。以此北平面文对照，可得五个光背式。

1.正样。

2.大样大字。

3.大样小字。

4.宽缘。

5.狭缘小字。

6.此式属北平监版，泉面与常品完全一样，然钱背不同，沿外缘及穿郭边呈低陷，中心地肉微作隆起状，与外缘齐平。此种版式，笔者曾做过一个测试，31枚小平泉，最轻3.2g，最重4.8g，平均3.5g，此泉并不大，径24.4mm，重达5.5g，属厚重型，在光背小洪武中确不多见，不知有何讲究。尤望高人指点。

北平版光背

1正样

2大型大字

3大型小字

4阔缘

5狭缘小字

6厚重型

（四）福版小平

洪武小平背福版式有三式：1.双点通尔宝。2.单点通尔宝。3.单点通缶宝。而光背却只有单点方头通一式。4.美制。5.宽缘肥字。6.广穿俯头通。7.连足宝。8.弱容。分为五个版式。

背福的缶宝小平，品属普品，奇就奇在这么大个洪武泉家庭中，缶宝仅此一例，就连大中泉亦不例外。看来明太祖对缶宝定有一种莫名的反感，否则岂会仅此一例。由此笔者揣度缶宝先于尔宝，这个被明太祖定了性的缶宝，一直"否"到230余年之后的崇祯帝手中才有喘息的机会，可在近百种的崇祯泉中亦只不过约六七例罢了。可见皇帝圣旨口，祖宗的法规是何等威严。

福版光背

1

2

3

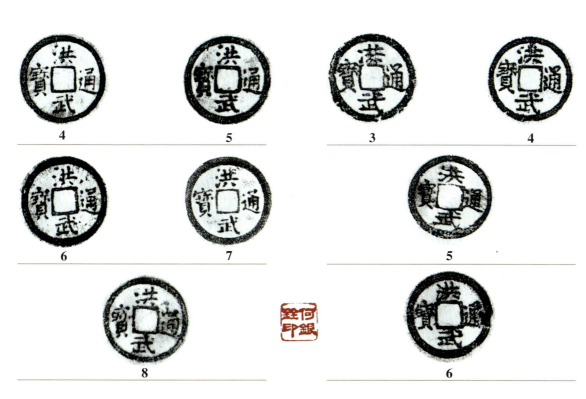

4	5
6	7
8	

3	4
5	
6	

（五）桂版小平

洪武背桂小平有两个版式：1.背穿上桂下一。2.背穿上桂。光背四式。3.平止武。4.斜止武。5.伸止武。6.缩止武（宽缘）。

（六）纪重版小平

即洪武二十二年（1389年）"更定"的纪重式。背穿右一钱，亦有光背宽缘版存世。

桂版光背

纪重版光背

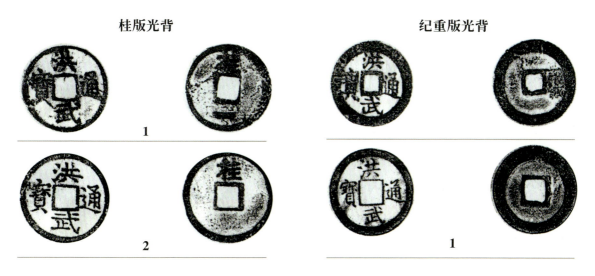

1
2

1

（七）不明监光背小洪武

单点方头通，铸功上乘，钱文清秀，"武"字第三笔斜出提勾犹显笔力遒劲，点睛之笔。光背小平中占比很大，是不是洪武四年（1371年）改大中洪武大钱为小钱时，由京师宝源局所铸，暂无查考。铸工上乘，钱虽小文笔清晰，所见钱体轮廓分明，品相靓丽，似乎流通时间不长即入窖藏。1.宽缘遒劲。2.垂止武。3.仰止武。4.连轮武。5.接郭武。

（八）面文重叠，俗称摇头

叠文是范身上重复印痕而致。用现代话讲是生产过程中的次品，然由于它质与量的不变，进入流通照用不误。当今看来亦是一个不可多见的趣味品。揣其文笔应属洪武二十二年后南京中央钱监所铸。

笔者涉泉未深，一家之见，管中窥豹，今日敢斗胆赘述再三，意在求教于方家同好，若蒙不吝赐教，则笔者之幸矣。

不明钱鉴光背

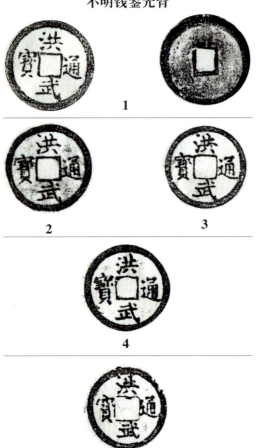

1

2

3

4

5

摇头

（发表于：《杭州钱币》杭州市钱币学会会刊1995年4月）

康熙 "罗汉钱" 漫谈

青少年时，就听父辈讲过"罗汉钱"的故事，说的是清朝康熙年间，康熙皇帝派元帅年羹尧征西平叛，途中因军饷不足，一时无法筹措。无奈之下年羹尧向当地寺庙借铜佛像化铸了康熙通宝钱，并许下信愿，待班师回朝后定将全数铜钱收回，并加倍铸还金身。为了有个识别，将原康熙通宝的"熙"字去掉左边一竖，改铸成"熙"字。不料回京后受陷害，革职下狱，于是这批铜钱就留存民间了。因为是菩萨金身所铸，故称"罗汉钱"。还说是菩萨中含有金子，所以铸出来的铜钱色泽金黄，十分精美，这是民间一种传说。另一流行较广的传说与杭州有关，说的是道光年间，西湖边名刹"净慈寺"，在维修时于罗汉佛腔内发现了这种不同于常品的康熙钱，和尚将这种钱分施给善男信女，说罗汉菩萨肚里的钱，能保佑持钱人长命百岁，逢凶化吉。这样一传十，十传百地将"罗汉钱"一名叫开了。20世纪50年代，著名作家赵树理的小说《登记》经改编成沪剧公演，剧名叫"罗汉钱"，剧情为爱情故事，而罗汉钱是作为爱情的信物出现的，并贯穿全剧。此剧还被拍成电影。于是"罗汉钱"一名为普天下所熟知了。

其实，这种称为"罗汉钱"的真名叫"万寿钱"，是公元1713年3月康熙皇帝六十大寿时，工部宝泉局为寿庆而特别鼓铸的。它有大小两种，大型的称重宝，背饰龙凤纹，穿上、下分别为"宝泉"二字

（图1）。其钱径57mm，穿9mm，厚2.5mm，重43.5g，专为宫中挂灯时作装饰之用。这种钱不多见且有数个版式。除常见的龙凤外，还有双龙、双凤、龙凤穿上下两圈内无"宝泉"二字等。小平型的也有多种版别，还有汉字局名的。已知的如台、河、同、南、广等十余种。有泉家认为这是某钱局的开炉套子钱，但并非铸于康熙朝。不能以汉字局名而认定为某局所铸。其中只有钱体稍大、阔缘，背文有满文"宝泉"，外观精美，铜色较好的是康熙六十大寿时所铸，其他的应属其后仿铸。今见一种在钱肉上刻花的罗汉钱，这多为后朝民间工匠加刻，非钱局所为。笔者有枚外缘面双龙戏珠、背水波纹的罗汉刻花钱，曾求教前辈（图2），被告知这多半是在光绪年间刻就的，刻花罗汉钱并不少见。还有将罗汉钱正背面刻成蝙蝠或飞鸟状的。刻花特别精美的罗汉钱，称刻花钱精品尚可，若称康熙钱珍品则不妥。另有康熙生辰钱，是福建宝福局为庆贺康熙六十大寿而特铸。钱式与宝福局钱相似，背穿左右满汉文福字，就穿上多一个地支名称。康熙帝属相是蛇（雅称小龙），干支纪年是癸巳年，所铸地支名称是巳，其后每年的康熙生辰均铸一种，已知的有巳、午、未、申、戌、酉、亥、子、丑、寅十种，因壬寅年十一月（公元1722年）康熙驾崩，其后的癸卯、甲辰二年就不再铸了。十二个地支缺卯、辰二品，终不成套。泉家张炯伯先辈曾花

二十年时间，不惜重金求购也只集得八种，可见此钱的珍稀程度，不愧有清钱珍品之称。

图2

图1

（发表于：《杭州钱币》1996年第6期总第19期）

同治通宝 背满文宝浙 穿下星铁母

径：面22.4mm 幕21.8mm
穿：面4.7mm 幕5.7mm
厚：2.2mm
重：5.4g

　　同治通宝小平型，背满文宝浙，穿下星点，面径22.4mm，背径21.8mm，面穿4.7mm，背穿5.7mm，厚2.2mm，重5.4g，铜质，铁壳锈色。与一般宝浙同治行用钱径略小而厚有过之，特别是背文很有铁钱文气息，穿下星点有破浙炉常态令人称奇，存世甚罕，笔者揣度还未过一手之数。笔者断其为铁母，依据是品厚超乎寻常，面背径及穿面背径的差异，钱体边沿明显有拔模之势，满文浙犹具铁钱文特征，大而刚直。穿下星揣测是铸炉标记。只是未曾发现同型铁钱。可见是钱并未为钱局采用。终究何故弃之不采用不得而知，然其具铁母之身甚为笔者所重。

乾隆通宝雕母

20世纪90年代，北京的古钱币收藏活动有所苏醒。半公开的交换转让场址在路边或公园僻静处，笔者记忆中有琉璃厂。月坛公园邮市南礼士路，后又有潘家园等等。1990年同好来信告诉我，近来钱市隔三岔五地出现前清雕母，且要价不高。笔者得知后甚感心动，然如此高档次的古钱币笔者从没见过实物，只有在《中国钱币》上看过专题文章，真要集藏谈何容易。是年趁春季驻沪工作之机会笔者将想到北京看雕母的心思禀告马定祥先生，马老说："那好办，你可去找骆骏生掌眼，他是骆泽民先生的大儿子，我给你写个条子就可以了，他住在琉璃厂。"就这样凭着马定祥先生的便笺笔者有底气去北京了。在同好的帮助联络下，先后两次，第一次获一对乾隆通宝宝泉局（图）雕母，平泉型，未开金口，中留小方孔，略有大小，因骆先生的鉴定书在小型乾隆拓上，故笔者留作纪念。第二次获道光通宝宝源局平泉型，未开金口，小圆孔，传世黑漆古。另一品咸丰通宝宝源局平泉型雕母。未开金口，小圆孔，币身黄亮。均由骆骏生先生劳驾掌眼。

骆骏生先生个子稍高，身体瘦弱，待人和蔼可亲，容貌与骆老先生的照片似出一模，与其大妹同住一屋，其大妹是退休教师。听二位交谈时称马定祥先生为马叔叔。据马老讲，骆老先生原有不少珍品铜元，至今骆骏生先生手中还有一品安徽方

孔钱。

今日提及乾隆雕母，已是三十余春秋之前的旧事，二位前辈亦早作故。谨以此字缅怀两位泉界先驱。

雕母

径：29.7mm
穿：3.7mm
厚：1.65mm
重：8.6g

径：25.3mm
穿：2.1mm
厚：1.7mm
重：6.25g

径：24.7mm
穿：2mm
厚：1.7mm
重：6.15g

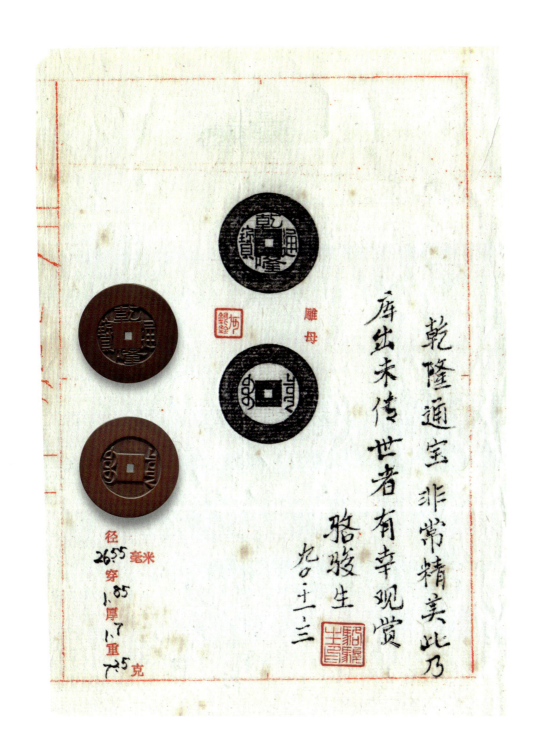

雕母

乾隆通宝 非常精美 此乃
库出未传世者 有幸观赏

骆骏生
庚寅十三

径 26.55 毫米
穿 8.5
厚 1.7
重 7.5 克

宝川开炉钱与呈样钱

乾隆通宝背满文宝川，面背钱文与行用钱相同，径23.7mm，厚4.5mm，重13.5g（图1）。是钱厚重程度超乎寻常，不可能当流通钱行用，铸作又不精美，不存在母钱样钱之类，至今笔者尚未见到相关资料。在孙仲汇先生《钱币鉴赏》第134页，图290康熙通宝满汉文苏厚型清钱，厚4mm，重14g，认为属开炉性质。文后还提到，"乾隆通宝中也有类如的厚钱，存世寥寥，均不易见。"据此提法，此品乾隆厚钱，当属川炉开铸乾隆通宝钱时的开炉钱性质亦未可知。

咸丰重宝背满文宝川汉文当十钱，径35.7mm，厚2.4mm，穿6.4mm，重16g（图2）。20世纪90年代发现于杭州文物商店。当时文物商店柜中共有十几枚咸丰重宝钱，标价人民币40元，基本是宝浙局，其中一枚宝川当十显得异样，是钱平面文廓光亮平整、十分漂亮，地章不带一丝污垢，边沿呈90°直角，可直立于平面，锉痕匀而有力，看不出有流通痕迹。据多年探研，此钱是宝川局鼓铸进呈给户部的样钱。笔者揣测，钱局采用头模铸钱做了镜面处理，作为进呈样钱。镜面处理是样钱的特征，文廓高挺不带一丝污垢是头模铸钱的条件。笔者陋见，还望赐教。

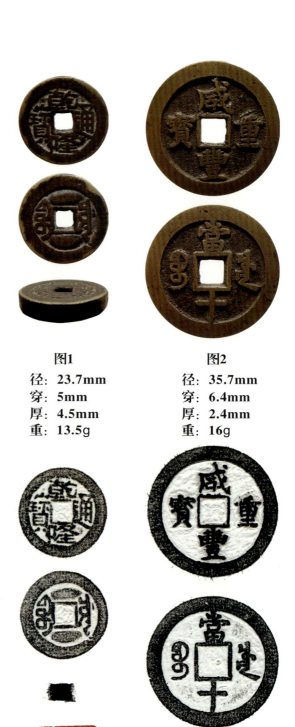

图1
径：23.7mm
穿：5mm
厚：4.5mm
重：13.5g

图2
径：35.7mm
穿：6.4mm
厚：2.4mm
重：16g

咸丰当十宝川与宝武的血缘情

尺寸如上页

径：35.9mm
穿：6.6mm
厚：2.5mm
重：15.7g

　　同好蒋先生在欣赏笔者的一枚咸丰宝川当十美品时，告诉我一个不见记载的故事。咸丰宝川当十有两个版别，大字大样与小字小样，二者比较，这小字小样的钱文显得秀气灵动。其实这小字小样宝川当十并非川局铸造，是宝武局宜昌炉所铸，揣度当时太平天国起义，武昌军事形势紧张，所以武汉宝武局在宜昌设分局开炉铸钱。因宜昌当地此版川十咸丰十分多见，宜昌钱友言之凿凿，说是宝川局委托宝武局宜昌炉代铸。只要将宝川当十小样跟宝武当十小样对比，除背右满文局名外其余一模一样，出于一人之手，可谓一脉相承之手足。查阅谱录资料不见代铸一说，然对照拓图此言并非空穴来风。说来亦巧，宝武咸丰当十亦分大字大样和小字小样两种，看来这不是偶然的巧合，是人为所致。

　　代铸之说虽无从查考，然有实物佐证，是言不妨可备一说。

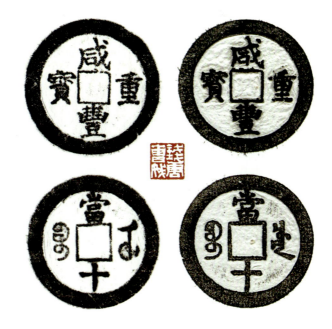

川炉铸部颁同治试铸钱

《清宝川局铸套子钱汇考》一书中言及："同治时期，宝川局铸有仿部颁式的诗钱，铸量极少。"又"同治仿部颁式套子钱，钱式虽为户部所颁，但户部所在地北京，难见其踪影，在四川地区却时有发现，十余年前，四川曾一次发现不同局名19枚，憾缺'临'字"。

笔者敝藏此式同治四品，均得自华夏网拍（图1—图4）。观览是泉宽缘细字，通字双点方头为特征，文笔精美，字字清晰各个规整。与行用泉相较精美程度一目了然，对比上海古籍出版社《简明钱币辞典》"同治通宝背满文宝武部颁样泉"（图5）毫不逊色，完全可相提并论。笔者陋见，此版式的同治通宝诗文钱不是川炉仿铸，乃是遵照户部所颁样式而铸。或许川炉具有某种优势而被户部核准应允鼓铸。从实物看，形制具户部面貌，钱文特精美非其他钱可比，然多见铸口残痕，上海博物馆藏同版式同治共计两品，背临（图6）、背云（图7）其中就有一品亦残留浇铸口，揣度尚属试铸阶段，或因同治朝尚处内忧外患之中，内库寅吃卯粮有心无力而没有正式铸行。参照《简明钱币辞典》（图5）为"部颁样钱"，宝川局铸仿部颁式的诗钱应称之为"部颁试铸"，而非仿部颁式。故而"户部所在地北京，难见其踪影，在四川地区却时有发现"，又因是试铸，"铸量极少"就在情理之中了。

图1
径：26.14mm
厚：1.5mm
重：5.1g

图2
径：26.4mm
厚：1.2mm
重：4.4g

图3
径：26.3mm
厚：1.2mm
重：4.6g

图4
径：26.3mm
厚：1.3mm
重：5g

图5

图6

图7

金钱义记背"离"的思考

"金钱义记"钱,是清咸丰末年浙南天地会支派金钱会的入会信物之一。自1936年《新光杂志》首次披露至今,已有多位学者专家著文论述。由于受到刘祝封《钱匪纪略》中"后有谢公达、朱秀仙、陈十一,湖州人卖笔者周荣、山东人军犯孟州,铜匠王秀金与赵启、缪元共八人结为兄弟,分作八卦"之言的影响(《平阳县志》作赵启、缪元、朱秀三、谢公达、张元、孔广珍、刘汝凤及金华人周荣等八人),对金钱义记的种类问题,围绕以八卦为背文基本有四个观点:1.按八卦分别铸有背乾、坤、震、巽、坎、离、艮、兑加无卦文9种。2.八卦加天、地及无卦文计11种。3.八卦加天、地、震忠团练及无卦文计12种。4.当时并未铸全八卦,除离与震两卦外,天代替乾卦,地代替坤卦。可见多数人认为金钱会之初八位首领的信物钱各占一卦,只是目前尚未发现而已。为此笔者多年留意钱币实物与相关论著,当今的古钱币收藏热方兴未艾,创见品时见报道。然产生于浙江省平阳、瑞安的金钱义记钱,历经半个世纪的岁月,未曾发现新的卦名。《中国钱币》1987年第3期《我所知道的义记金钱》一文叙述者余建顺先生,尽管作为乡人收集乡物,足迹遍涉平阳、瑞安二境,发现了厚重型的背离及锡质等创见版式,就是见不到新的卦文。而就离卦而言,在八卦中排行第六,并非主卦。但今所见的金钱义记实物中,唯有背离钱有型大质重者,"金"字从人不从入,下面的王竖笔出头与他钱不同。笔者作了粗略的统计,对于早期张季量、蒋伯埙、郑家相诸先辈论述的暂且不提,众多藏家手中的情况亦无力知晓。仅以马定祥先生生前《太平天国钱币》一书刊行算起,有据可查的背离字钱,计14品可分为四个版式。如果说赵启等八人各占一卦的话,何故离卦如此之多。

笔者思考再三,认为应该考虑金钱会成立后出现的一个人物——程杰。以赵启为首的八人,"结为兄弟,分作八卦",用"康熙钱十六文,将满字向内,上下钉以二铉,系于辫绥藏在衣襟"。这是金钱会初创时权宜一时的代用信物。自程杰投靠赵启后,金钱会采纳了程杰用旧钱熔铸"金钱义记"之法,才开始有了金钱会自铸的信物。程杰虽双目失明,年已古稀,然他曾是平阳县城的岁贡生,非泛泛之辈,所以有"善弄刀笔"之才能。金钱会系天地会一支派,天地会宗旨是"反清复明"[①]。"离"按卦说,方位是南,平阳地处浙南。其象为火、为日、为电。而最可取的含义在于"离、明也"[②]。"离也者,明也,万物皆相见南方之卦也,圣人南面而听天下,向明而治,盖取诸此也"[③]。笔者以为,"圣人南面而听天下"可见金钱会的志向是何等远大,真是一言道破天机。此即金钱义记在开始铸造时择用"离"卦的真正用意之所在。犹如同属天地会的上海小刀会,所铸的通货"太平通宝"钱,背饰日月纹,暗含"明"字,亦有直书明字的,二者都表明了天地会的宗旨"反清复明"。笔者揣度在铸金钱义记之初，并没有再铸别的卦名，其中少不了程杰的一番出谋划策。一般的会员钱"面注'金钱义记'四字，金字用'入'不用'人'字，以作记号"[④]。而用作首领佩戴的形大质重背带"离"字。"金"字用"人"不用"入"。可见，这个离字，并非《钱匪纪略》的"倘有分离日，当以何物作凭"中的"离"。背离的含义与"分离"是风马牛不相及的。若要说"当以何物作凭"金钱本身就可作凭，何须非要将"离"字铸于钱上，且偏要用个书写最繁复的"离"字。国人言行向来要图个吉利，送行言"一路顺风""一帆风顺"，出兵言"旗开得胜""马到成功"，等等。焉有将不吉利之言当作彩头，此乃国人之大忌也。金钱会成立之始到采纳程杰铸金钱义记在时间上已过了若干年月，笔者估计此时的首领人物已非8人，史料中先后提及有名有姓的已近20人，还不包括保首。随着金钱会的不断壮大，实际上可能还不止这些。

作为首领佩用的"离"字钱亦就相应增多，一铸再铸形成多个版式。在版式的大小问题上，有两种可能：1.随着入会者骤增，铜源不足，为节约铜材而减重。2.金钱会当中首领亦有大小先后之分，体现等级观念。

"震忠团练"钱，已知是金钱会在佯受温州署巡道志勋，知府黄惟诰的招抚后所铸，平阳知县翟惟平"给以谕单，改名

直径：**47mm**
厚度：**3mm**
重量：**33.6g**

直径：37.8mm
厚度：2.2mm
重量：16.3g

团练，并犒以牛酒"后所铸，故背加"团练"之称。此时的赵启用团练之合法身份，经营其为推翻清王朝之实。"不轨之谋借此益肆"之言，说明赵启假团练之名，集聚发展金钱会的力量之谋略十分成功。

此时的卦名何以取"震"而非其他，这与铸于先前的"离"卦有因果关系。《易说卦》震为雷。震，动也。《易经》的八卦"近取诸身，远取诸物"。卦辞中曰："离，其象为电。""震，其象为雷。"自然界电闪雷鸣的现象紧密相连。说白了，震是离的延伸，继续。《说卦》注释："帝出乎震。"试想"离乃圣人南面而听天下"，听天下者非皇非帝莫属，接着就须"震"，震个帝皇出来。实现金钱会的改朝换代之宗旨，体现了天地会"反清复明"之最终目的。

历史上曾有一例"帝出乎震"之实。即抗日战争时期由日本侵略者扶持的伪满洲国傀儡皇帝溥仪。于1934年铸有一枚银质"大典纪念章"，章面即"帝出乎震"，背有伪年号"康德元年（1934年）三月一日"（图1）。

关于"天地"对应"乾坤"一说，笔者愚见非也。天地会组织的制度等级严明，为首者称龙头大哥，拥有最高权威[5]。作为赵大哥的信物钱，应该是背"天"的金钱义记，其规格须在"离"字之上，至少不会轻于"离"字钱。但今所见实物二者相差甚远，有悖会规。再则八卦的八个文字中，"离"字书写最繁，计19笔（指繁

图1

直径：35.2mm

厚度：2mm

重量：15g

（蒋哨明君藏）

上海博物馆 藏

明泊君拓赐　　　　　旭鸿君拓赐

直径：37.75mm
　　　38mm　37mm
厚度：2.6mm
重量：21.8g
　　　21.4g

直径：38.3mm
厚度：2.6mm
重量：28.5g

体），然从大型钱到小型钱"离"字一笔不少，而"乾"字11笔，"坤"字8笔，比"地"字只少2笔，若讲用"天地"代替"乾坤"二字，究其因不外乎图个简捷，如果是这样，何不用卦符表示，似广东炉花泉"水陆平安"其背穿下坎卦"☵"比之文字更为简捷明了。赵之谦《章安杂记》中云："近复益红帖，一帖亦给百钱，又有一布条，上印连环合同二字，内图方胜钱帖，天地八卦名号。"⑥他为什么不言乾坤八卦而说天地八卦，可见天地与乾坤在此是有区别的。赵启在攻打温州城前，"在瑞安沙垟召集会众万余，分十队以八卦为号"⑦。试想，八卦只统领八队外，还有两队只能是天队与地队了。反之，如果一卦双名，势必产生主次大小的矛盾，岂不是自乱方寸。从以上论述看来"天"字钱与"地"字钱并不是代替"乾"卦与"坤"卦。郑家相先辈云："又有背上'天'字与'地'字钱，以表示其为天地会。"笔者赞同此说。

那么，史料中提到的八卦该如何解释？其实赵之谦《章安杂记》里可以得到答案，其曰："近复益红贴，一贴也给百钱，又有一布条，上印连环合同二字，内图方胜钱贴，天地八卦名号。""九月四日，又有来交金钱及红贴者，贴同上，钱式又异，背上有天字，钱甚完洁，可知其种种不一也，又有"地"字钱。"张季量氏曾言："据赵氏之说，乃知此泉并红贴票布同为入会之信物。"⑧笔者有感于此，可证金钱会分作八卦并非铸在钱上，而是书写印刻在布票与红贴上。这就是为什么今天只能见到离与震卦之金钱义记。略呈管见，还望方家同好斧正。

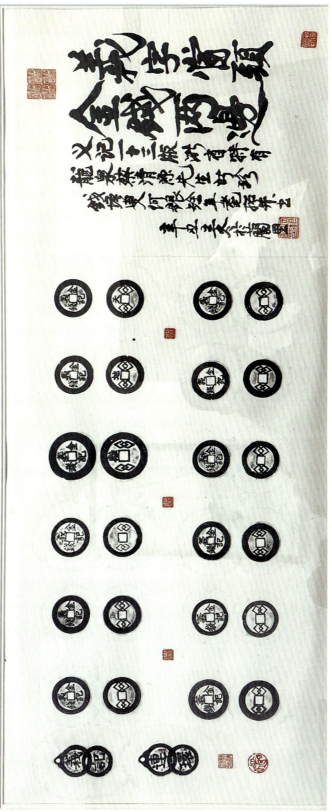

为清源堂铸拓

注：

① 《金钱会农民起义史迹调查》浙江省文物管理委员会刊于《文物》1961年第1期。郭印绪著：《洪邦秘史》，上海人民出版社，1996年第3页。

② 《康熙字典》戌集中佳部。

③ 《周易注疏》卷十三说卦，上海古籍出版社1998年。

④ 金钱会《红贴》中有"腹心共托，防危则契结金兰。义取金钱，意在斯乎？"句，《平阳县志》，汉语大词典出版社，1993年，第844页。

⑤ 《洪邦秘史》第33页"洪门组织制度与禁条誓词"。

⑥⑧ 张季量《义字金钱考》，《泉币》第4期，第6页。

⑦ 《平阳县志》卷37《列传》。

（发表于《中国钱币》2005年第3期）
2022年有修正自版

一枚源于我国的日本铸佛语钱

在泉友处观赏花钱，见一枚与众不同的佛语钱。面左旋读"南无妙法莲花经"（"南无"二字佛语读namo），与日常汉字书写笔法有所不同，有意将"南"字的第四笔与"无"字的起笔放长，"经"字似是而非，背饰水波纹，穿上有"日莲"，穿下还有二字笔者不识，看似日文（陈达农先辈告知应是"通人"）。从其背饰水波纹之制，可断为日本所铸。实测钱径25.5mm，穿4.8mm，厚1.3mm，重：6.1g（图1）。黄铜质传世熟坑，审其制作与包浆笔者揣度约铸于日本宽永十三年（1636年），至迟不会晚于清乾隆朝（1736年）。

考"南无妙法莲花经"源自浙东名刹天台山国清寺，相传为国清寺初建时期"智者大师"所创，为国清寺僧人必诵之佛经。

国清寺创于隋，盛于唐，唐贞元二十年（804年），日本高僧"最澄大师"不远万里，渡海到天台山国清寺取经，师从国清寺第七代"道遂禅师"和第八代"行满座师"，得法成为第九代宗师。数年后，"最澄大师"返回东瀛，在日本讲经说法，传播天台之佛宗，并创立了"日莲宗"，成为日本佛教界颇具规模之一宗。

中日邦交正常化后，几乎每年的金秋季节都有日本日莲宗佛教代表团来国清寺访问，尊国清寺为"祖庭"。1985年10月，"日莲宗"一个大型代表团访问国清寺，并以"日莲宗"宗务院名义与国清寺合建经幢一座，正面书"南无妙法莲花经"，下具"日莲"两个小字（图2），系我国佛协主席赵朴初亲题。佛语钱铸于东瀛而源于中国。与今之经幢隔时隔地可谓远矣，然二者同宗同源同文，一脉相承，是钱可谓两国友谊之结晶，成为中日两国一衣带水之情谊源远流长的佐证。

图1

图2

（原载于《杭州钱币》1994年8月第5期）

日本"撑抬撑揹"钱

《陕西金融·钱币研究》1990年第10期刊有4枚"撑抬撑揹"钱，据日本友人介绍有两种读音：一是训音，近乎"撒姆哈拉"；另一个是日语中的音读"辛台辛己"，光背，铁质浇铸，穿园而小，真书右旋读。4枚大小有别，并刊有北京姚朔民先生大作。文中阐述"撑抬撑揹"钱是日本民间历来有的护身符之一种，能防刀枪之灾。又云：日寇侵华期间，东京的一个钱币收藏家田中启文，曾铸了几万个有这种字样的小铜钱作为护身符送给侵华作战部队。

笔者于1987年集得一枚"撑抬撑揹"钱，出自杭城中河淤泥，黄铜质机制，无穿，径21.5mm，厚2.5mm，重6.1g（附图），正面中间直书"撑抬撑揹"，两旁花纹上的小重圈内似座上置一小佛，背饰光芒。此钱制作比上4枚考究，制作时间因晚于前4枚铁质的，揣测可能就是姚朔民先生文中提到的田中启文所制。

笔者还曾在北京泉市见到又一种式样，钱文相同，厚大似北宋折三形铁钱，铁质方穿，四字楷书旋读，极工，背面一下山姿状虎纹，并在钱缘上四边铸有楷书汉字阳文小字"皇军万岁"旋读。此类文字的钱在国内多处发现，均属侵华日军遗物。日本国内某些一再想篡改侵华罪行的军国主义分子，是无法抵赖的，这种日本"护身符"也绝不可能护住日本侵略者。但愿这段沉痛的往事永远成为历史。

径：21.5mm
厚：2.5mm
重：6.1g

（发表于《钱币爱好者》浙江省钱币学会会刊1993年5月）

明清钱币鉴赏（一）

明 洪武通宝 十豫
径：46.6mm
重：22.5g

明 大中通宝 十豫
径：47.4mm
重：27.5g

明 大中通宝 十浙 宽缘
径：46.5mm
重：26.5g

明 洪武通宝 十福
径：46mm
重：25g

明 洪武通宝 折十一两
径：46mm
重：35g

明 大中通宝 北平 右十
径：45mm
重：22.5g

明清钱币鉴赏（二）

明 裕民通宝 浙一钱

径：37.5mm

重：18.5g

明 天启通宝 折十

径：47.5mm

重：25.5g

明 兴朝通宝 壹分 大型

径：56.3mm

重：23.1g

清 咸丰元宝 宝苏当百
径：59.6mm 厚：3.6mm
重：66g

清 咸丰元宝 宝河当百
径：49.5mm 厚：4.7mm
重：57g

清 咸丰元宝 宝巩当百
径：52.7mm 厚：3.6mm
重：51g

low

明清钱币鉴赏（三）

明　银质　永乐通宝
径：23.9mm
重：3.36g

清　乾隆通宝
白铜质合背　宫钱
径：26.6mm
重：8g

银

宫钱

太平钱

太平天国专题研究

太平天国在浙江的铸币

太平天国时期货币发行制度的历史资料，迄今还未发现详细记载。所以相关的研究者只能从存世的钱币实物着手，追寻太平天国货币的发行轨迹，已有不少专家学者为此努力终生。历史上，大凡起义的农民军多铸有自己的钱币，特别是元末以来，如韩林儿的龙凤通宝、张士诚的天佑通宝、朱元璋的大中通宝、李自成的永昌通宝等等。太平天国亦不例外，铸有多种款式的大小太平天国钱币。对于太平天国的铸币，先辈曾做过不少研究，如太平天国史学者简又文、罗尔纲二先生、《中国货币史》作者彭信威教授、《太平天国钱币》作者著名钱币学家马定祥等。综观先辈对太平天国的铸币有三个共识。

（一）太平天国铸过三套系列钱币

1. 宋体套子钱；

2. 楷书套子钱；

3. 隐起文套子钱。

（二）太平天国铸币特征

必称圣宝，不纪值，不纪地，不纪时。

（三）太平天国晚期，太平军在浙江铸过钱文易位钱，没有铸大型钱币

根据已有文献记载，在前人的研究成果上，结合近年的研究发现，对太平军在浙江的铸币，据笔者陋见，做个系统性的阐述。

太平军在浙江多地铸币是有一定历史条件和基础的，因为太平军占领浙江时间

较长，范围之大，尤其是占领杭州、嘉兴、绍兴、金华、台州等地。这些地区经济发达，物产丰富，是浙江主要产粮区，杭嘉湖历来是鱼米之乡。因此，占领浙江巩固太平天国天京（南京）首都具有重要作用。为了驻军军饷，天国财政，"他们可能得到天京的核准"，以忠王李秀成部为首的驻浙太平军在驻地开炉铸币。

太平军开炉铸币的有利条件，占领浙江后政局基本稳定，铜材就地取材，毁坏寺庙铜钟、磬钹、佛像；没收财主铜器，以充作铸钱币材料。在驻军营地置办钱币作坊，纠集民间铜匠即可翻砂铸作，并不需要大型正规的造币工厂，这也是处在战火不断时期这种特殊条件下的铸钱方式。

以下分别对嘉兴、杭州、绍兴、湖州等地太平军铸币概况进行阐述。

太平军在嘉兴的铸币

嘉兴是太平军在浙江最先攻占的重镇，时间在咸丰十年（1860年）六月直至同治三年（1864年）三月撤离，历时三年九个月。早先的守将是隶属忠王李秀成部的主将朗天义陈炳文。对于陈炳文在嘉兴铸钱有史为证，海宁冯氏的《花溪日记》载："加贼铸钱无文理，不成。"《浙江日记》（燕京大学藏原稿本卷上）载："又本年（咸丰十一年，即太平天国辛酉十一年）八月（嘉兴）贼（时守将为朗天义陈炳文）'铸钱无文理，不成。'再有1959年《文物》第5期刊文："清朝末年

嘉兴曾有人收集了不少太平天国钱币，都是从大年堂（该地名今尚存，在嘉兴城内）铜沙菜园里出土的，其中有钱范，有成片废钱，也有断钱。"可惜以上史料与刊文没有进一步说明到底是什么钱文，但已证实了太平军在嘉兴铸钱的史实，说明已铸有钱币实物存世，然"无文理"，这"无文理"是指钱体上的文字模糊不清，不可辨认，还是钱文排列使人费解，有违常理？令后人何所适从。这"无文理"三字成了一道槛，今只能结合传世的太平军在浙江铸的钱币实物研究分析，越过这道槛。1999年，省钱币学会在金华侍王府召开《太平天国在浙江铸币学术研讨会》，根据各地代表所发表的文章笔者做了统计，浙江最罕见的小平型面"天国圣宝"，背横"太平"钱（图1、图2、图3）比较而言独嘉兴地区发现最多，而与之相匹配的折五形"天国圣宝"直"太平"的钱，20世纪90年代在嘉兴海宁某地发现一枚（图4），为沪上徐晓岳先生所获。新中国成立前，钱币学家张公午先生在沪上茶坊中亦曾获一枚天国圣宝背直太平钱（与徐氏所得同版）（图5），嘉兴毗邻上海，钱币本为流通，是钱由嘉兴流入上海茶肆亦在情理之中。如此珍稀之天国圣宝背直太平钱，时隔半个多世纪前后在嘉兴毗邻地区发现，是有其必然性的。但这种钱的钱文独特，没有遵照太平天国钱币的钱法规则行事，而将含年号的国名"太平天国"四字拆开分置面背，这在太平天国当时铸钱里是绝无仅

有的，就算陈炳文的顶头上司忠王李秀成在苏州鼓铸的钱文也是循规蹈矩的，面太平天国背圣宝，一字不乱。这种钱文易位，岂不是有违天国钱法，坏忠王旨诣，必定会受到阻力，旋即停铸。

这就是"嘉贼铸钱无文理，不成"之由来。但先已铸就的"天国圣宝背太平"钱已进入流通，故而存世量甚少，成为浙江太平军铸钱中的罕见品，而折五形的天国圣宝背直太平钱更是凤毛麟角，至今存世尚未破五。

嘉兴铸造

图1
重：3.4g

图2
重：3.6g

图3
重：3.3g

图4
重：5g
徐晓岳先生 藏

图5
张公午先生 藏

太平军在杭州的铸币

清咸丰十一年十一月廿八日（1861年12月29日）忠王李秀成率部第二次攻克杭州，当时的主将有陈炳文、谭绍光、邓光明等。在杭州建立了浙天省的太平天国政权，后由听王陈炳文主政（陈炳文在1862年攻占上海中有功，从朗天义进封听王），陈在杭州小营巷设有听王府。直到同治三年二月（1864年3月）撤离，计两年三个月，在此期间，铸有太平天国钱。钱塘丁葆和在他的《归里杂诗》中记述"贼以郡庠为硝馆，兼铸伪钱，其文曰'太平天国圣宝'。克复后，药臼泥炉弃置满地"。郡庠即清代杭州学府，地

址在现在的涌金门内劳动路，现为杭州市碑林。丁葆和以乡人记乡事，将所见所闻很直观地告诉我们，太平军确在杭州铸了太平天国圣宝钱。正似《太平天国典制通考》云："考听王陈炳文于十一年冬由嘉兴调镇杭州，为浙江全省主帅，其继续铸钱以竟其先在嘉兴铸钱未成之志。"据马定祥先生研究，"浙江亦曾铸宋体字小平钱，但已在天国晚期"。据此看来，陈炳文由于在嘉兴的铸钱受挫，所以这次在杭州铸钱尤为谨慎，不仅遵照天国钱法，就连钱文书体也仿效天京版式，虽然瘦弱，然其心可鉴。这次的鼓铸陈炳文可算放开手脚大干一番。这从钱文多变可见一斑，有仿宋的"图A1"。有楷书，楷亦有别，如"图B1、B2"的大字类。"图C1、C2、C3"的小字类。而笔触柔弱的稚书类（图D1）应是多炉多次鼓铸所形成的。到后来，由于为了某个目的，再则此时已是太平天国晚期，纲纪松弛，天京的洪秀全已自顾不暇，听王陈炳文才敢再违太平天国钱法，重铸易位钱文。今存世的"天国太平"背直"圣宝"宋体文小平（图E1），虽说寥若星晨，至今共发现不足10枚且有3个版别。揣测是听王在杭州最初的易位版式，估计铸工难办而换成随意性较大的楷书（图E2、E3、E4、E5），还配以折五形的大字版，如图F1所示，这次大小两款钱文易位的手法，实乃嘉兴铸币规划的旧调重弹。从一前一后的铸钱思路之一致，亦反证了"天国圣宝"背"太平"这两款钱是陈炳文在

杭州铸造

A1
重：4.1g

C3
重：4.4g

B1 雕样
重：4.2g

D1
重：3.3g

B2 雕样
重：6g

E1
重：3.75g

C1
重：4.4g

E2
重：4.2g

C2
重：6g

E3
重：5.4g

嘉兴的铸币。这次虽亦易位，但比嘉兴的易位低调多了。没有把"太平天国"四字折置面背，只是把上下右左易成右左上下。为什么说这天国太平横圣宝是杭州所铸？因为C型类钱与E型类钱的文笔神韵是一脉相承、难分伯仲的，应属一人所书。看铸作较清晰的C、E、F三类钱的"国"字，左上角普遍是不封口且向外突出的，亦说明其是同地同炉所铸。

　　陈炳文此时铸的钱文，书风又另具一格，它没有天京宋体书的规范端正，也没有苏州版楷书的饱满划一，虽为楷书，然随意性大且书体多变，不刻意求工，信手而就，无规范可言。以其书体可称行楷，而苏版的楷书因其从天京版的宋体演变而成，故称宋楷为宜，有别于浙版之行楷。然在当今网络中，有泉友将浙版之太平天国背直、横圣宝钱统称为"稚书"，"稚书"之称谓，出自马定祥先生之口，其实乃浙版行楷中的一体，又似绍兴铸的太平圣宝背天国钱，钱文书体楷中带点隶意，这与是地方炉别有关。马定祥先生《太平天国钱币》第七章"太平天国钱币的种类"第七节"太平天国背圣宝小平钱"中罗列的12枚浙江太平军铸币，唯T9—1（P71首品）标明特征：稚书，即（图D型钱）。人们平常在欣赏书法作品的时候，经常会提到作品的"笔力遒劲""书风老辣"，或者说"笔力稚拙""书风柔弱"是一个道理。马先生所言之"稚书"，亦就比较而言，此钱文笔嫩了点。有泉友将

E4
重：4.4g

E5
重：4.3g

F1
重：4.5g

F2
重：4.8g

此稚书就称"园点太"，可园点太另有一版，如B型类，最大不同处，稚书是横圣宝，钱径22.3mm，园点太是直圣宝，钱径25mm，"太平"二字略显魁伟些，园点处撇捺之正中不拖泥带水。

太平军在绍兴的铸币

太平军攻占绍兴是1861年11月，到1863年2月撤离，驻绍时间1年4个月，守将是忠王李秀成部认天义陆顺德，陆顺德在同治元年（1862年）进封来王。其间铸有不少太平天国钱币。有史为证，绍兴古越隐名氏在《越州纪略》中云："贼入城毁铜佛钟磬之类戒器，自号天朝，铸太平天国钱。"马定祥先生在《太平天国钱币》一书中认为，浙江地区较后铸的一批太平军钱，是以绍兴为主铸造的太平圣宝背天国钱。《中国货币史》作者彭信威教授在书中亦提到，"如绍兴一带出现的厚肉楷书太平圣宝背天国横读，大小有三种……"有绍兴的钱币爱好者在20世纪80年代曾求教家乡的老钱币学家戴葆相先生（著名钱币学家戴葆庭之弟），戴老先生非常肯定地说："太平圣宝背天国钱是绍兴铸造的。"综上所论，陆顺德在驻绍期间鼓铸了太平圣宝背天国钱之事可成定论（背天国钱请见文后列图）。至于此钱的钱文易位，这与受听王陈炳文钱文易位之事的影响是不无关系的。钱文易位，必定有他的道理，此乃后话。待后节再细述。此外，对于其中一品"简宝"天国钱（文后第1图《太平天国钱币》书中备注：此钱仅见一品，摄自丁福保《历代古钱说》）让人感觉蹊跷。对任何事与物的变化都有因果关系，多问个为什么？"简宝"是会省工还是省材？背天国钱在各地发现不少，而绍

兴本地在20世纪80年代还常能遇见，知存世量不在少数，然总未曾再现第二品开门见山的"简宝"。当今类此"简宝"并非绍兴地出，而是来自广州，不觉令人哑然。笔者曾见过杭州泉市一品传世熟坑太平圣宝背天国小平"简宝"钱，与《历代古钱图说》有异，文笔僵硬，且少天国钱之气韵，难以认可。在与泉友探讨太平天国钱时，经泉友提示，湖南长沙发现一品生坑，从网上贴图看，文字钱体坑坑洼洼，似经岁月腐蚀所致，然根据太平天国百年史时间，觉得可能性不大。广州市亦发现一品，黑漆古传世，与《历代古钱图说》较为相近，因未见实物难作定论。对于"简宝"钱的研究还需时日，有待日后进一步地发现和研究。

绍兴铸造

重：5.2g

重: 5.1g

重: 6.6g

重: 6.8g

重: 8.7g

重: 7.5g

太平军在湖州的铸币

1862年5月30日，太平军占领湖州，1864年8月28日太平军从湖州撤离，占据湖州有两年多时间，湖州成为太平天国晚期的战略要地，是太平军在浙江最后撤离的地方。按太平军在嘉兴、杭州、绍兴等地铸有钱币而论，湖州鼓铸太平天国钱币亦在情理之中。然"太平天国在各地铸钱文献都有零星的记载，独湖州却无点滴记载"。湖州泉界寿星陈达农老为此"探索湖州在天朝时期是否曾铸造过钱并有关史料的访求"历半个多世纪而未果。

1998年同邑爱好者刘健平先生偶获一罐太平天国背横圣宝的小平钱，有200余枚，其中残次品半数左右，刘先生为此著文发表在《中国钱币》2000年第3期，结论是该批钱币是驻湖太平军所铸。

根据刘先生描述此罐窖藏于民居宅地，非铸钱遗址，亦无相关伴出物，纯属战时财物贮藏。要判定为太平军湖州铸币尚缺力证。

达农老与刘先生同为湖州钱币学会中的两代人，是忘年之交。在湖州是否铸有天国钱币的研究上达农老赞许刘先生之执着精神，然论点向左。笔者认为，达农老对太平军在湖州铸钱至今未有确证，此论较为中肯。

钱文易位的原因

对太平天国铸钱的折值问题，钱币界一直各有所说。而浙江太平军铸钱的折值尤为难解，因为它形体大小相差不多，有的钱小而重量却超过形大的。铸币中又将"太平天国"国名折而用之，钱文多种易位。看似此举有违天朝体制，但它并非在漫不经心中书写的，是有其用意的，再易位也仍在"太平天国圣宝"六字钱文范畴之内。如此反复改版，费尽心机之用意，经过长期的观察和思考，揣测钱文易位之目的，是为了区别钱币的折值。

曾对以金华太平天国钱币学术研讨会为基础的钱币实物做了统计（附表），从附表可以看出，听王陈炳文在杭州鼓铸的太平天国背直圣宝与天国太平背横两种钱，钱径大小、钱币重量并无大的出入，如果不为减重、扩增币值，何苦要此画蛇添足之举。又"如绍兴一带出现厚肉楷书太平圣宝背天国横书，大小有三种，三种差别不很大，有五公分到八公分的，因而可能都是当十钱"。而其钱形的大小必定大形在前，逐渐趋于小形，这并非小平钱与折五钱的区分，而是迫于战争的化消而减重贬值。彭信威先生用经济学、货币史的观点来观察研究钱币折值，应该更具科学性，较为客观。从太平军进占嘉兴、绍兴的时间先后推断，听王陈炳文铸易位钱在先，来王陆顺德铸易位钱在后，而听王调镇杭州后还曾铸过正统的太平天国背圣宝钱。

绍兴来王开炉鼓铸就是太平圣宝背天国钱的一种。来王为什么不铸正统钱，亦未采用听王的易位钱，而要标新立异自成一系。从附表中可以看出，来王的投入大于听王，那么他也要得到相应的回报，折值必定大于听王。但要在使用中能区分认别，就必须要有一新的钱文易位钱，产生了一易再易的情况。从以上两个事例可以看出，钱文易位不是无缘无故的。此时，太平天国已日薄西山，战事频繁，纲纪松弛，将领生活日渐腐化。"如听王陈炳文在嘉兴建造听王府，从1861年动工兴建到1864年3月太平军退出嘉兴，还未竣工，可见工程是多么浩大"。类似情况势必加重了太平军的负担。在这种财政紧迫的情况下，用铸钱扩值创收不失为一种可取之手段。再从来王在铸背天国钱中还不断地减重之现象，不难看出太平军对财富来源之迫切。在历代货币中，常有只凭当局官府一纸文书，规定货币换当变值，榨取民间财富，百姓只得逆来顺受。

太平军用钱文易位来表示换当价值之手法，同"一纸文书"可谓异曲同工。在太平天国的钱币折值中，古泉界惯以形态大小定折值。"他们不知道历代政府铸钱多规定重量，而不大规定大小"。如唐代开元通宝规定每十文重一两。再则，太平天国运动称之谓"农民革命运动"，为表示其崇高的"革命"性，一切事物都得优于清廷，这在货币称谓或定值中亦表现得一览无余。

综上情况分析，浙江太平军铸的钱币，除了太平天国背圣宝钱可以认为是小平钱，其他的易位钱，均示意扩值，少则当五，多则当十，这就是浙江太平军铸钱文易位钱的缘由之所在。

附表:

名称	数量（枚）	直径（mm）		重量（g）		平均值(mm)(g)	
		最大	最小	最重	最轻	直径	重量
太平天国直圣宝	22	26.8	24.1	5.57	3	25.1	4.35
天国太平横圣宝小字	12	25.3	24.5	5.8	3.7	24.9	4.81
天国太平横圣宝大字	18	26.5	24.8	6	4	26.1	4.96
太平圣宝背天国	41	28	22	9.8	4.8	25.53	6.9

铅铸太平天国背圣宝钱

20世纪90年代，杭城泉市出现两枚太平天国背圣宝的小铅钱（图1），背"圣宝"二字传形，这在浙江铸的钱文易位中将横圣宝易位还是首见。该钱现为本地陈长根先生所藏，并承盛意允诺拓墨。经测，径26.8mm，穿7mm，厚2.3mm，重8.3g。生坑，浇铸品，穿内有毛刺，外缘明显高于钱文内郭约0.5mm，钱身带有似石灰的白色坑垢，从坑色判断，此钱已有年岁，可排除近伪。后1999年6月，浙江省钱币学会在金华的（太平天国在浙江铸币学术研讨会）上披露，嵊州也发现一品，径22.5mm，重8.9g；桐乡发现二品，可惜没有数据。之后，2001年出版的《古钱学入门》第280页亦刊出一品，作者是浙江湖州籍著名钱币学家陈达农先生，陈老先生认定是太平天国钱币。至此，先后发现同款式小铅钱6枚，且在浙江省不同地域发现，基

本上可认定是太平天国时期铸造于浙江的。是不是太平军所铸，一是缺少资料，二因为材质是铅，并非常见的太平军货币版式，故难于定论。但在《太平天国钱币》增订本第171页ＴＹ60有一品同式铅钱，作者标明："为铅质臆造品。"试想，大凡作伪者为利而来，通常做的是珍稀名品，或所谓的出谱品。但由于作伪者钱识不深，仅凭自己一点小聪明，往往弄巧成拙，使出谱品成了不伦不类的出格品，或由于在制假过程中求善求美，刻意求工而落得个呆板乏神，留下破绽。今此小铅钱形制平平，唯背传形为异，"太"字似反书，铸不求善，钱文虽显拙弱，但不失自然。如此一枚贱金属小钱臆造者能得到什么？该增订本第142页Ｔ254（图2）还有一枚超大型铅钱，作者云："此钱出于杭州，当为天

国晚期浙江地区民间所铸，或为殉葬钱。"
如果就这大小二钱比较，按民间丧葬习俗
而言，小的铅钱更适合于冥钱之用。依笔
者陋见，此小铅钱归属太平军占领浙江时
期民间所铸，目的为殉葬所用之说较妥。

径：26.8mm
穿：7mm
厚：2.3mm
重：8.3g

图2

图1

太平军误铸钱析疑

《太平天国钱币》第93页，刊有一枚"太平天国"背满文"宝浙"的小平型太平钱，编号T7（图1）拓图来源于日本《昭和钱谱》，据此可知作者没有目睹此钱，至今仍是一枚孤品，本文从对拓图的直观感觉：

1. 此钱面文属忠王李秀成在苏州鼓铸的横"圣宝"小平版式，与《太平天国钱币》同刊的断定为苏州版的T9-10（图2）对照面文颇能说明问题。而与太平军在浙江所铸的版式是泾渭分明。

2. 它的背文满文宝浙与同时期的咸丰（图3）、同治（图4）钱比较，显得很不规范。根据太平天国的历史，此钱应该是枚传世品，不会是生坑或受蚀严重之品。然满文线条笔势欠匀，多处带毛刺，显得粗糙，与面文很不协调。

3. 书上所说"旧日的宝浙局铸钱匠尚未深悉天朝钱规制……"这种解释可能性不大，因为从存世的太平天国钱币有祖钱、样钱和母钱来分析，太平军铸钱亦不简单草率，同书刊有太平军在浙江铸钱的祖钱T18-3、母钱T19-3、母钱T19-4，可见同样制定有一套完善的铸钱审核制度。太平天国视清廷为"妖"，如此一枚有"妖文"的钱要想从钱局铸成进行流通，且至今未见第二，这种可能性实在是微乎其微。

4.《太平天国钱币》作者最主要的论据是1980年11月4日《解放日报》载的一则《宁波发现太平天国公馆》的报道：

图1

图2

图3

图4

"宁波市文物管理委员会在市郊慈城镇上发现一栋结构尚完好的太平天国公馆。馆内耸立着门楼,门楼上有一块横砖雕,用篆字写着'天水长流'四个字。特别珍贵的是,在门两旁还完整无缺地保存着全国罕见的两个刻有太平天国正反两面钱文的倒挂。据初步考证,此馆乃是攻打宁波府的太平天国名将黄呈忠、范如增的部属住所。这一新发现,为我国研究太平天国在宁波的建筑、活动,提供了十分珍贵的史料。"但根据当时宁波市历史学会理事、社科联特约研究员章士晋先生及白岩等先生的再三考证,认为慈城此屋绝非太平天国军所造的公馆,乃是地主工商业者秦子敬在民国初年改建的私人宅地。

5. 据以上四点认为,此钱是好事者拣取背穿左右"圣宝"二字文笔粘连不清的苏州版加刀改刻而成的变造赝品,是为迎合收藏者的猎奇心理而有意为之。

太平天国背横圣宝金钱

《太平天国钱币》第132页谈到太平天国的金钱,并刊有金钱照片(图1),该钱的大小形制类太平军在浙江铸的"天国太平"背横"圣宝"当五形钱,作者定其为"太平天国晚期权贵富户们所造的金质冥钱,作为殉葬之用。"后在1994年《太平天国钱币》(增订本)中认为是太平天国仅作为赏赐和馈赠之用。无独有偶,《中国钱币》1995年第3期第33页,美国著名

图1

中国钱币收藏家曾泽禄刊文介绍一品金钱(原图配2),与前一品同制同型,两钱直径均27mm,第二枚标示重12.8g。根据曾先生研究认为:"太平天国确实造有金币。一是在1860年左右发行。二是在南京铸造。三是大小与形态制作跟太平天国铜钱一样……"

图2
曾泽禄先生签名的刊物

关于太平天国金银币的文献史料，国外反倒多而翔实，从曾先生的《太平天国银币》（《中国钱币》1989年第1期第66页）和《太平天国金币》两篇著文中论说太平天国铸作过金银币，文献史料对银币的描述与留存在国外博物馆的银币实物相符合。即土法打制手工雕刻双钩文的面"天国"背"圣宝"的四文钱（图3、图4），还有大小之分。但是对于史料中提到的金钱的描述太过简单，也没有配以图拓。那么，今日已知的两枚金钱是否就是文献中所提及的，是太平天国当年所造？为此，谈点粗浅的看法：从太平天国货币的发行轨迹来看，太平军在1853年3月攻下南京，建都称"天京"后才可能铸钱。在最初铸钱中还经历了"铅铜不匀，铸不如法，屡铸皆不成轮廓，字亦模糊莫辨，遂停止"的过程。简又文《太平天国钱币考》中有言："可见太平朝铸钱，自三年开炉试验，至翌年秋冬间始成功出品。"这时铸成功的是"正面直书'天国'二字，背面直书'圣宝'二字铸有十余万。"时间是1854年秋。存世有小平型和当十型两种四文钱。钱厂在南京"评事街江西会馆"。可证双钩文的天国圣宝银钱亦产生在同时。到太平天国中期（1856年）前后，太平天国行使的各项典章步入规范，颁行了太平天国宋体书钱文的套子钱。"这类宋体字套子钱，就是在天京一地所铸。"如果此时发行金银钱币的话，必然是相同版式，但至今未发现实物。

图3

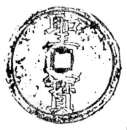

图4

1860年6月，忠王李秀成攻占苏州，设炉鼓铸了太平天国楷书套子钱。接下来忠王部属将领听王陈炳文、来王陆顺德等在所占郡县开铸钱币。此时已是天国晚期，朝政江河日下，纲纪松弛，浙江的封王，不遵天朝钱制，擅变钱文字位，产生了多种钱文易位的情况，其中包括听王陈炳文在杭州铸的折五型天国太平背横圣宝的铜钱（图5），已是1862年之后所铸。

图5
径：26.3mm
重：4.2g

从上述情况分析，这两枚太平天国金币，不会是南京铸的。若是真的话，也应该是听王陈炳文铸于杭州。又如，1861年6月杨王李明成请英国翻译官福礼赐修理一块金表时附上的礼品没有提及金币。如果当时南京城里铸有金币，作为忠王之弟是一定能拥有的。而与之私交甚笃的福礼赐"要求李明成送他一些字画以及太平天国钱币"，也断不会只送银钱贰拾元，青钱拾元了。不觉使人怀疑当时南京城中确曾铸过金币否？

　　历史上对太平天国的文物造假是有目共睹的。《太平天国典制通考》第606页云："以余调查所得，天朝伪币，在大战前以杭州某古董肆意所造者为最多。余尝得其全部标价之太平天国泉币拓本（包括平靖泉），内容共六十种。其中只有两三种为真品，余皆伪币也。"《中国考古史学》第607页言："古物既然伪造，而不在之物也有伪造者。太平天国起于广西。广西壮族自治区政府于昔年搜集太平天国史料，杭州商人乘此伪造大批太平天国铜钱以售。"故此，对这两枚金币，还有待时日探究。

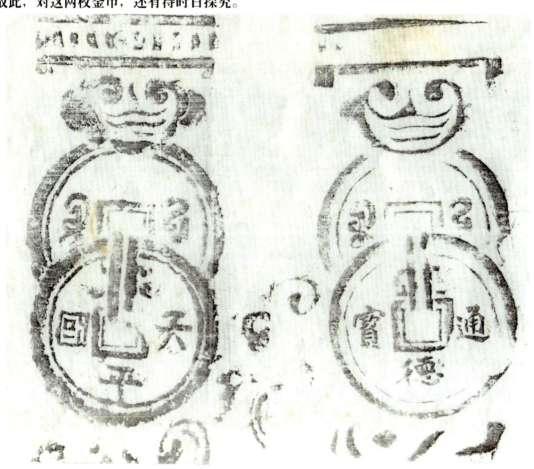

太平天国铅质钱牌辨析

20世纪90年代，在一次拜访杭州市钱币学会理事金志伟先生时，他拿出一枚铅质钱牌，一面"太平天国行用"，一面"当式百文钱"。经测长63.5mm，宽32mm，穿4.4mm，厚3mm，重31g。说是金华丁惠敏先生发现于兰溪。观后金先生问笔者对此铅牌的看法，余直言相告"伪品"。

铅

长： 63.5mm
宽： 22mm
穿： 4.4mm
厚： 3mm
重： 31g

理由：1. 违背天朝钱制，该有的没有——钱文中缺少"圣宝"，犯太平天国钱之大忌。2. 不该有的反有了——"纪值"，形制出奇、文笔拙劣，不伦不类。此前笔者拜读过马定祥先生所赐《太平天国钱币》一书，其中第154页上即有此式，但质地是牛角，书中标明臆造。属同式不同版、尺寸略有大小、钱文亦有差异。讲实在的，笔者完全赞同马书所断。因后来曾见过数篇观点相左的大作，故此作一番赘述，以求指教。

《太平天国典制通考》第606页云："除以上伪造铜钱之外，更有仿南宋'铜鋳牌'之赝品三种，面文皆作'太平天国行用'，宋体书。背'当伍佰文钱''当三佰文钱''当贰佰文钱'皆上圆下方。以余调查所得天朝伪币，在大战前以杭某古董肆所造者为最多。余尝得其全部标价之太平天国泉币拓本(包括平靖泉)，内容共六十种。其中只有两三种为真品，余皆伪币也。"

泉界先辈郑家相先生曾言，鲍子年曰："古泉须以文字制作定时代。"予曰："鉴别古泉，既须视其文制之合乎时代，又须视其文制之有否精神，而后判定其真赝也。"

太平军在浙江的铸币，尽管云：太平天国钱币之划一制度遂破无存，但"太平天国圣宝"六字一个不多也一个不少，钱文书体自然奔放，不刻意求之。

此牌出于兰溪，兰溪为侍王李世贤所辖，侍王是太平天国后期重要将领之一，与英王陈玉成、忠王李秀成同在1859年封王，比1862年封王的陈炳文、陆顺德诸王要高一级，然在金华并未铸钱（此有待日后另文再述）。仅此一枚与杭城遥相呼应，使人不无怀疑。

笔者曾为杭城收藏名家赵大川先生打制过不少民国早期徽章，发现章背制作时间多数用简捷的古弍（壹）式（贰）弍（叁），笔者揣测此"太平天国行用"铅牌的伪造时间亦在民国初期。

综上所述，笔者借用先辈的一句话："作伪者史识不深，及制工不精。"别出心裁以求善价，是作伪者的惯用伎俩。

侍王李世贤为什么不铸钱

2022年9月，金华侍王府举办"圣宝太平——太平天国钱币特展"。笔者不由回忆起1999年在侍王府由省钱币学会召开的"太平天国在浙江铸币学术研讨会"。两次会展不可谓不隆重。遗憾的是没有发现有关侍王李世贤铸钱币的文献及实物。侍王李世贤（1834－1865年），清广西藤县人，咸丰元年（1851年）参加太平军。太平天国戊午八年（1858年）升任左军主将，驻安徽芜湖主持皖南军务。天国庚申十年（1860年）破清军江南大营有功加封侍王，是太平天国天京内讧后的主要军事骨干将领，忠王李秀成堂弟。在《太平天国史》的研究中，有一个观点"至末期则占领一州县之'王爷'亦纷纷自铸钱币"。史料证实，忠王李秀成在苏州铸楷书太平天国背

圣宝套子钱，杭州听王陈炳文，早在驻嘉兴时就开炉铸天国圣宝背太平钱，绍兴来王陆顺德铸太平圣宝背天国钱。唯独侍王李世贤在1861年10月至1863年2月间占领浙中重镇金华时没有铸钱及与铸钱的相关记载。根据江苏溧阳《文史资料》记载，侍王李世贤率部在1860年4月克溧阳后所部留守溧阳有四年之久，建有侍王府，成为保卫天京的重要屏障，在溧阳、宜兴一带设立硝馆碳馆，开设铁匠作场，铸造武器弹药。有如此制造规模的情况，然就是没有铸造钱币的记载。

《东阳县志》载:侍王李世贤为东阳灾民"发票十万赈抚，供给种子，招垦荒地"。

《东阳卒长汪文明二禀告之一》："侍王雄千岁瑞驾幸东，即行洞察民瘼，因知卑职等属地囊橐俱空，粒食艰难，着令卑职等造册赴台领银两路凭，任往邻村采买种子等示，保赤城，靡不踊跃称颂。"东阳乃金华府辖下一县，两事件须用钱而无钱，可证侍王在金华亦没铸钱。按理说听王陈炳文、来王陆顺德二人的封王爵位比李世贤之侍王要次一级。难道侍王甘愿放弃能获利丰厚的铸钱权力？令人费解。

综观文史资料及史实的研究，笔者揣测：侍王李世贤与忠王李秀成比较，天王洪秀全封李秀成为忠王，称其"万古忠义"主持天国军事之重臣。自攻占苏州后即成立苏福省，在原宝苏铸钱局设施技术上很快铸出了楷书套子钱。这必定是天王洪秀全先已授其铸钱大权。听王陈炳文与来王

陆顺德乃忠王部下重要将领，他们的铸钱可说就是忠王铸钱的延续，定经忠王允应，这个账要算在忠王的头上，而非"占一州县王爷均可铸钱"之说。

侍王李世贤是一位颇有个性的天国将领，自天京内讧后洪秀全唯恐再出现似杨秀清类权臣，大搞家天下，改国名为"上帝天国"，接着又称"天父天兄天王太平天国"。侍王第一个抵制天王改名。至死不在自己的名号前加"天父天兄天王"六字，为此洪秀全曾一度撤其王爵。然李世贤不以为然，一直打着"太平天国侍王——李"的旗号。就难获天王意旨了。

果而揣测，占一州一县的王爷不一定都能铸钱币，若要开炉铸钱，"他们可能得到天京的核准"。

太平天国 钱币鉴赏（一）

清 天国背通宝
（哨明君藏）
径：37.6mm
穿：9mm
厚：2.4mm
重：16.2g

清 宋体 天国太平背圣宝

青铜

（建华君藏）
径：23.5mm
重：3.75g

清 天国背圣宝
径：40mm
重：22g

清 天国背圣宝
径：37.7mm
重：28g

清 天国圣宝 背太平
径：21.8mm
重：3.4g

太平天国 钱币鉴赏（二）

清 太平圣宝 背天国　　　　　　　清 太平天国 背圣宝

		传世白铜	园点太	稚书
径：26.1mm	径：25.5mm	径：24.4mm	径：25.3mm	径：22.2mm
重：6.6g	重：7.4g	重：5g	重：5g	重：2.8g

清 天国太平 背圣宝

| 径：24.8mm | 径：26mm | 径：26.3mm | 径：20.7mm |
| 重：4.4g | 重：4.8g | 重：3.5g | 重：1.2g |

纪12.4 邮票
太平天国金田起义百年纪念

民俗钱

宋—清 民俗钱币选珍

唯吾知足

《近代秘密社会史料》萧一山著，1986
年版第47页右下图（图1）唯吾知足缠绕
着祥云彩带的袈裟扣。旁列两行行书注释。
《太平天国钱币》增订本作者解读为"此
乃系袈裟扣，王(?)用。若问有四字，可解
'唯吾知足'也！"断其为天地会用钱，
其依据即旁注中有"王（？）用"二字。然
笔者陋见非也，此二字非"王（？）用"，
应是"之用"。笔者拙见，应念"此乃系
袈裟扣之用。若问有四字可解，'唯吾知
足'也"。因字形过小且笔画不够清晰而
误为"王用"。汉字文笔书写是有规律可
循的，有句书法术语"无横不斜"，是指
书写中横划基本上没有平直的，都是呈现
左低右高的斜度，即便楷书的横笔也一样
有左低右高的现象。细观图旁所注之二十
个字，除王（？）字外，含横笔画的有
"扣、有、可、吾"四字。连着其他笔画
的横笔有"此、乃、用、知、也"五字，
基本都体验出"无横不斜"之规律，只是
斜的程度轻重而已。其中"有、可、吾"
三字的横画落笔干净利落，斜度最甚。反
观"王（？）"字的三横，首横成了一点，
次横与中竖连成一体不知所以，第三横左
高右低左短右长，有违书法之法则，更无
横笔的气势，反其道而行之。不合书写规
律。故笔者认为此非"王"字的写法，而
是"之"字的书写笔法。

1990年笔者在陕西《钱币研究》专刊

图1

图2

中见一枚"唯吾知足"背"佩纫"的篆文花钱（图二）其背文"佩纫"二字出自屈原《离骚》中"纫秋兰以为佩"句。此典故明示这枚唯吾知足钱是可以挂佩在身上的。揣摩尚可作为僧人披挂袈裟之挂扣的功用。作为僧人，以青灯黄卷为终日，明了"照见五蕴皆空，度一切苦厄"为知足，身佩"唯吾知足"，岂不可达知足常乐之彼岸。

借孔方兄之穿口，还有味吾知足钱，再似连体的黄金万两、招财进宝等等，借用他字之部旁合成为一个吉祥喜庆之字，可谓一种文字游戏，然亦唯汉字，能有如此的妙趣横生也。

再说图右之两行注说，此二十个字其中之"王（？）"字之用意乃是注说之灵魂，本应书写最显突出，然今比较，"王（？）"字形体最小，且含糊不清，有违书写常理。将其断为王字笔者不敢苟同。泉界寿星陈达农老亦曾言曰：原文作袈裟扣，何必复以"钱"称之，光幕及篆书"纫兰"归作彩钱即可。（彩钱即花泉，笔者按）

注说旁还绘有一缝衣针，其用意即与（图2）之篆文唯吾知足背"佩纫"钱的用意异曲同工。一个是以言明告，此钱是可佩挂在衣物上的。另一个是以图示意，将此钱缝纫在衣物上作为挂饰。

马钱赏析

宋元时期马钱
有昭陵之风
版模清晰、初铸品

径：24mm
穿：6mm
厚：1.1mm
重：2.8g

"蓟蓟蓟蓟"

　　"蓟蓟蓟蓟"四字钱，《太平天国钱币》增订本标为"待释的天地会钱币"。并言"该钱迄今发现两枚，弥足珍贵"。随着网络的发达，信息传播之广且迅捷，特别是古泉园地等钱币平台的上线，为钱币爱好者带来了极大的兴趣与方便。从网上讯息获知，此种待释之花钱并不少见，且能成系列。今以笔者陋见，仅个人所见及接触而言（另有各种古泉资料所刊亦多见）有如下7枚：2009年在湖州古钱藏家处见蓟蓟蓟蓟钱背吉星拱照与同面文背五月五日午时钱各一枚（图1、图2）。

　　2009年笔者在华夏网拍得面五毒图形背五月五日午时钱一枚（图3）。

　　2011年湖州古钱藏家就新获"蓟蓟蓟蓟"背吉星拱照与同面文背五月五日午时钱各一枚承告先后两次均拍自华夏网，均来自广东一带。

　　2012年笔者再次在华夏网拍得面五毒图形背五月五日午时钱一枚（图略）。

　　2014年笔者在华夏网拍得面文顺旋读"叭弥嘛喃吽咒"六字咒语、背五月五日午时钱一枚（图4）。

　　2022年3月19日华夏网限时拍栏目，广东佛山何永胜先生花钱专场，共上拍各式花钱540枚，其中"蓟蓟蓟蓟"背吉星拱照钱2枚，"蓟蓟蓟蓟"背五月五日午时钱2枚，面五毒图形背五月五日午时钱4枚。另有

图1

径：27.3mm
穿：5.3mm
厚：1.6mm
重：6g

图2

径：27.8mm
穿：5mm
厚：1.3mm
重：5.4g

径： 26.7mm
穿： 6mm
厚： 1.3mm
重： 4.9g

图3
径： 26.6mm
重： 5g

径： 27.3mm
穿： 4.8mm
厚： 1.4mm
重： 5.5g

水陆平安钱24枚。

光绪通宝背丁财贵寿分大中两形共52枚，等等。

"蒯蒯蒯蒯"未释面文钱的背文：1.吉星拱照，2.五月五日午时，3.面五毒图形背五月五日午时，4.面文顺旋"叭弥嘛唷吽咒"背五月五日午时钱。

以上四种钱明摆着有相互关联之所在，从"五月五日午时"六字的形态排列可断为一炉所铸。再从背五月五日午时的"蒯蒯蒯蒯"钱对照背吉星拱照的"蒯蒯蒯蒯"属同炉系列。泉界先辈曾言，某钱于某地发现比较多，即可考虑为某地所铸。因而将"蒯蒯蒯蒯"钱揣测为广东佛山炉，恐无大碍。其乃是一种民间测字祈福之类的民俗钱系，与天地会并无关联。

图4
径： 26.2mm
重： 4.6g

宋辽　清白传家
径：66mm
重：74g

清白传家

　　"清白"二字，乃国人之所重也。何谓清白，为人者品行端正，为吏者廉洁奉公。1997年中央电视台春晚节目中有一歌曲名"中国娃"，其中一句歌词唱道："最爱吃的菜是小葱拌豆腐，一清二白清清白白做人不掺假。"小葱拌豆腐这道寻常百姓家的菜有个故事，传说出自南京明孝陵。明朝洪武年间，开国元勋刘伯温在某年冬至日，特地做了小葱拌豆腐进奉给明太祖朱元璋，以示自己为人清白。其实朱元璋视刘伯温乃张子房侍汉，有三分天下诸葛亮，一统江山刘伯温之功劳。后朱元璋消除了对刘伯温的疑虑，领悟刘的清白并册封刘伯温为"诚意伯"。

　　抗战时期，有个孤儿寡妇，为了了却先夫遗愿，不殃及乡邻经济受损而独扛意外重债，仅凭己三寸金莲之柔弱身躯，跋山涉水，披星戴月积攒每一个铜板。拼搏三十春秋，积劳成疾，终于还清重债。只为身后"清白"二字。至今仍受人称道的桐庐三源溪边箬叶债的事迹。

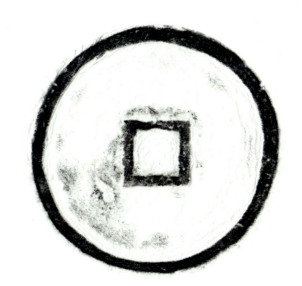

　　史称"西湖三杰"之一，官拜少保，兵部尚书敢言："江山为重君为轻"的钱塘忠心义烈于谦有诗曰："千锤万凿出深山，烈火焚烧若等闲，粉骨碎身浑不怕，要留清白在人间。"

民俗钱币鉴赏（一）

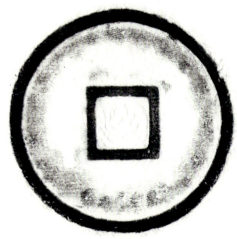

宋 龟鹤齐寿
径：59.8mm
重：42.5g

明 行仁义事 存忠孝心
径：**71mm**
重：**91g**

民俗钱币鉴赏（二）

银

宋 福禄攸同
径：24.2mm
重：4.1g

宋 福寿康宁
径：24.1mm
厚：1.3mm
重：3.6g

银

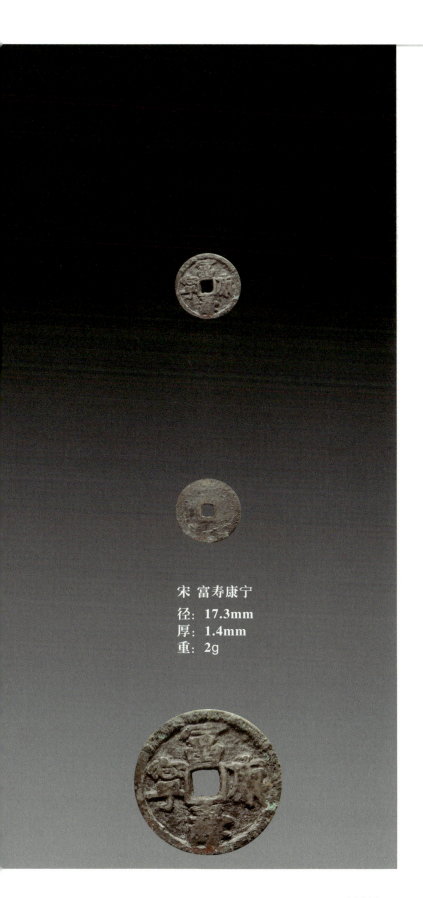

宋 富寿康宁
径：17.3mm
厚：1.4mm
重：2g

民俗钱币鉴赏（三）

元 泰和重宝
径：43mm
重：20.8g

清 富贵双全 康宁
径：56.8mm
重：94g

民俗钱币鉴赏（五）

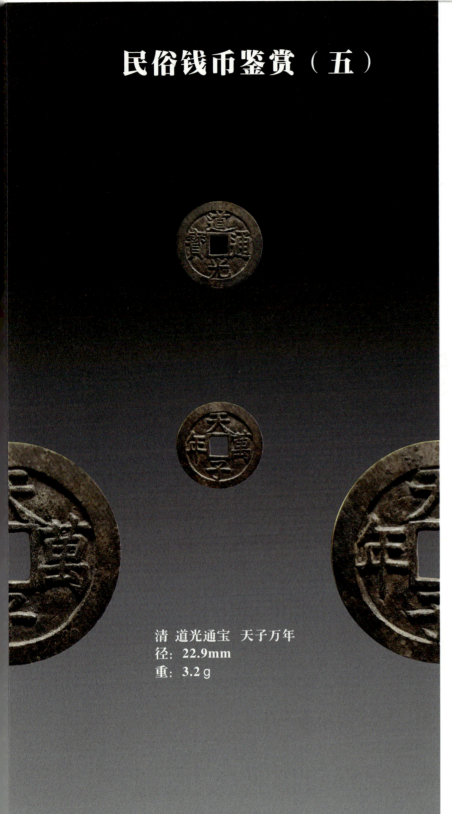

银

清 道光通宝 天子万年
径：22.9mm
重：3.2 g

明 太平通宝
径：44.5mm
重：76g

民俗钱币鉴赏（六）

清 韫玉山辉
径：56.8mm
重：41g

清 单龙戏珠 凤穿牡丹
径：45mm
重：24g

民俗钱币鉴赏（七）

清 龙井狮子峰 佛门弟子
宽：48.1mm
高：34.2mm
重：17.5g

清 湖人舞狮 黄金万两 招财进宝
径：45.6mm
重：22.6g

清 福禄寿喜
径：45.3mm
重：22.5g

民俗钱币鉴赏（八）

清 紫气东来 等吉语钱树
尺寸：58mm×61.5mm
重：　28g

清 多福多寿 等吉语钱树
尺寸： 56.6mm×56.1 mm
重： 27.5g

民俗钱币鉴赏（九）

清　天下太平
径：66.8mm
重：82g

乡土钱

丧葬礼仪钱币选珍

民俗钱币之祖

我们祖先的丧葬文化、事死如事生的殡葬风俗，在祖国大地留下了无法估量的宝贵财富。在殡葬中包括逝者生前的衣食住行，享受行乐及生活用品，涵盖了无数的珍贵文物。在以贮财为目的风俗中，产生了一种特殊的钱币——冥币。它的产生几乎与货币同时代，它的属性即是现代人所归纳的民俗钱币。

古钱币学家戴志强先生在一次民俗钱币座谈会上指出，"齐六字刀可看作官铸纪念币的发端，但如果将用于殉葬的冥币作为民俗钱，则它的起源可与货币流通的时代等同"。

笔者在钱币集藏过程中碰到历代的冥币。冥币这个题材较为一般钱币爱好者所忌讳。然终究是这么回事，且已代代相传数千年，直至当今。冥币仍在社会生活中广为使用，只是形式有别。

古时冥币中分两个类型。一种是以流通行用的货币殉葬，然当它日后出土了仍能回归流通。再如用贵重材料仿制实用货币，如金银五铢，玉雕的永通万国，等等。后逐渐发展成吉语、襃扬、祈福等等趋于文化色彩的内容。又如两宋帝陵出土的大量金银宫钱。都是有价值的币材，这称之谓瘗钱。另一种是用没有价值的陶土仿成金饼、五铢、半两等经火煅烧，纯粹是舍不得将贵重的金银等实物货币殉葬地下而

做的替用品，是真正意义上的冥币。

笔者将多年碰到的相关冥币、瘗钱做个介绍。

东汉陶质金饼：先秦时期，王公贵族为使青铜器皿更显华丽，产生了一种用金银纹饰其上的精细工艺，称之为"错"。西汉末年，王莽谋皇篡位，史称"新莽"。王莽为掠夺天下财富，开将黄金错在货币上之先河，称"金错刀"，可"一刀平五千"并规定"黄金一斤值万钱"。

汉 陶质 半两、五铢一组

汉 铜鎏金饼
径： 62mm
厚： 6.5mm
重： 135.5g

薛妈、薛公陶金饼

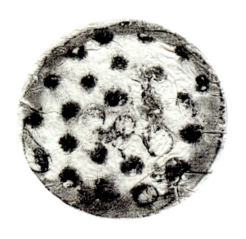

陶质金饼，背面铭文：薛妈，金一斤，直错万。这是薛家的子女专为母亲特制的一斤重的金饼，值一万个五铢钱。"妈"，是子女对母亲的称呼；薛妈，说明是薛家的妈妈。这值一万个钱的金饼是薛家母亲专用之黄金。铭文中的"金一斤，直错万"其实是重复语，意在加重语气。

东汉 釉陶金饼
直径:54mm　高:16mm
重:42g
面施釉
底略内凹 刻"薛妈 金一斤直（值）错万"字

东汉 釉陶金饼
直径：58mm 高：17mm
重：50g
面施釉
底略内凹 刻"薛公金一斤"字

陶质金饼，背面铭文：薛公，金一斤。铭文比前面的简单，这是对男性的口吻。同为薛姓，应与前一品的薛妈为夫妻。这枚金一斤的金饼是薛门子女专为父亲所制。"公"是对先父的尊称。

羊金千巨万

　　陶质金饼，面阳文：羊金千巨万。古人造字先有羊，后才有祥。羊祥互通。古人用羊隐喻为吉祥，说明这是一枚吉祥的金饼，值多少？何至千万，值之巨大可令人遐想一番了。似现代人祭祀用的冥府银行纸质冥钞，自己认为多少就是多少，随意而定。

东汉 釉陶金饼
直径:58mm　高:17mm
重:50g
面施釉
底平 面铭"羊（祥）金千巨万

锡箔纸

    1982年，银铨有缘拜识钱币大师马定祥先生。在近十年间蒙先生不吝教诲，银铨受益匪浅。

    1991年春先生病逝，银铨心怀悲切之情，恭送先生最后一程。在素宴中，先生宝眷回赠吊唁宾客乾隆通宝巧克力金币两枚，体现先生生前事业恰到好处。成银铨凭吊缅怀先生之珍物。

清 银鎏金 佛色生辉 引入西方

径：25.3mm

重：3.1g

清 银质 五世其昌 吉祥如意

径：19.4mm

重：3g

明 银鎏金 福如东海

径：16.8mm

重：1.2g

明 银鎏金 五福双全

径：17.2mm

重：1.5g

汉 白文五铢（简笔铢）

径：21mm

重：1.5g

铅

五代　铅质　永通万国
径：**51mm**
厚：**6.4mm**
重：**95 g**
日本回流，明泊君割爱

部分钱币索引

014	020	024	047	054	058
061	064	065	072	073	074
076	079	081	082	083	085
099	101	102	104	107	114
114	115	136	137	146	148
150	153	154	156	158	168

碎语篇

爱泉，爱生活

  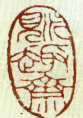

部分泉拓自用章

何银铨与中国钱币博物馆首任馆长戴志强先生合影。2019年摄于杭州钱币交流会

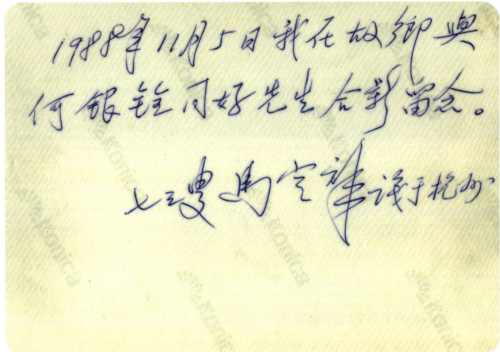

1988年11月5日我在故乡与
何银铨同好先生合影留念。

与张公合影，1991年国庆摄于张府公老卧室

1996年拜访王贵忱老先生，摄于王老可居室

加拿大雅石会副会长兼秘书长苏锡文先生于2001年莅临何银铨舍下时合影

2015年初春拜访陈达农先生

1993年 游览长城

2007年 华山留影

2008年古泉园地走访泉友，右起邹旭鸿、唐泽义、周国好、
罗跃质（园地创始人）、严隆隆、何银铨、潘黄盛

2011年古泉园地杭州年会，右起严隆隆、李共青、何银铨

2011年 孙仲汇先生莅临舍下

2016年 左起李宏、潘懿、何银铨、徐晓岳小聚

2016年 年轻一代泉学家赵后振来访

与广州书画研究院院长、西泠印社理事周国城先生合影

2017年在钱币交流会上和泉友互动

《泉言碎语》编辑工作照。左：何银铨，右：金志昂

爱泉、爱生活，更爱家人

光福的故事

2014年笔者再探光福司徒庙，距离上一次到司徒庙(1983年)探望融宗师父已有31年之遥。今日的司徒庙，已非昔日可比，面貌焕然一新，新建的庙宇殿堂令我肃然起敬，规模数倍于笔者初见的司徒庙，已成为苏州名胜景区，游人如织，在庙内见到供奉的融宗法师座像，笔者顶礼膜拜感慨良多。

1976年春，工作单位三墩供销社，为当地农村发展养殖业寻找苗猪猪源而公出，来到天堂福地——苏州，经相关单位介绍，苏州郊区光福镇盛产苗猪。光福地处太湖之滨，依山傍水，绿水青山，吴侬软语，粉墙黛瓦，碎石铺就的街道，中央还镶嵌着平整光洁的青石板，小桥流水，市容整洁有序，不愧是全国有名的卫生城镇。从苏州延伸来的一条砂石公路，沿镇旁通向名闻遐迩的江南赏梅胜地之一——光福香雪海。跨越公路便是平缓的山坡，种植着一片茂盛整齐的橘林。开花季节畅步林下，花香飘溢，橘香中略感甜味，沁人心田，好不抒怀。拾级而上，翻过山坡，沿田间小道前行，不远处是一片桂树林，树干十

分粗壮，一人之围的桂树比比皆是。绿荫茂密，揣测有近百年栽培史。如此规模的桂树林见所未见，算开了笔者眼界。穿出桂树林，望见前方偌大的一个村落，村边一座显眼的白色院墙，即苏州名胜光福司徒庙之外墙，是庙规模不大，且主要房舍现为地方办学之用。人们可游览的唯柏园一处，进出不是司徒庙的正门或什么大门，而是一处偏园小门。进入园门，右手边即是四棵千年古柏，在院墙内略显拥挤，左手边是两开间的茶室，不多的几张方桌配以条凳，带盖的绿色玻璃茶杯放置在白色搪瓷盆内，茶室设置甚是简陋，一位慈眉善目，清瘦得体着俗装的长者充当招待，游客若要休息泡杯茶，每位一角钱。问其为何如此便宜，长者笑言：茶叶是自己种的。

园内四棵古柏相传是东汉光武帝朝大司徒邓禹手植，历2000年沧桑岁月，铁干虬枝，绿荫苍翠，或挺拔，或匍匐，各呈千秋，分别名为清、奇、古、怪。清者：两三人合抱的树身，纹理干净利落，挺拔清秀，直上云天。奇者：主干断裂，其腹中空，可纳壮汉。古者：粗大苍老的躯干纹理纤绕，螺旋升腾。怪者：曾遭雷劈一

分为二，其一远离母体屈曲卧地，宛如巨型笔架，剩余一半就地侧伏，似蛟龙昂首，势欲腾飞。四棵千年汉柏都是天造之姿，互竞长短，游人叹为观止。司徒庙亦曾因柏而名，遂有古柏庵，柏因社，柏因精舍。古柏曾险遭劫难，"文化大革命"时有造反派以破除迷信之名，要砍伐汉柏，司徒庙住持融宗法师以衰弱之躯，以死抗争，"要砍树，先砍人"与狂徒斗智斗勇，保护了这千年名胜景观。

柏园一隅，还植有牡丹芍药，并伴有各种月季相拱，其时正值花季，绿叶丛中花王花相二魁并放，碗大的花朵鲜艳夺目，香气袭人，游人无不赞美。苍翠古柏般配天姿国色可谓二绝。这天设人造的景观让笔者不由遐思连连，古人情趣之高雅和对生活之憧憬，造就了今日司徒庙周边区域成为苏州花果之乡，及江南赏梅胜地之一的光福香雪海。今日有缘司徒庙访古，古柏的苍虬，牡丹的艳丽同入眼底，自感眼福匪浅，犹是饱享一场视觉大餐。

柏园茶室招待者，俗姓李，法号融宗，实是司徒庙主持，民国晚年原是光福邓尉山唐刹天寿圣恩寺方丈。"解放"初，国家时势所需，政府安排，方丈率僧众移居司徒庙。

笔者自探访司徒庙后，只要工作之余，有事无事总爱跑司徒庙，与融宗法师讨教闲谈，以李师父相称，成法师座前常客，此生有缘拜识法师乃笔者之幸。在驻光福半年多的时间里，笔者敬重法师，法师亦

善视笔者。无奈笔者终究是因工作客居光福，事毕只能返回杭州，然与融宗法师的禅缘，笔者铭记终生。

融宗法师

法师江苏东台人，公元1911年岁次辛亥七月生。俗名李成奎。12岁剃度出家，为人好学勤快，悟性好，20岁在镇江焦山定慧禅寺受具足戒，授法号融宗。23岁入首届焦山佛学院深造，26岁入金山江天寺参学修禅，31岁苏州光福玄墓山唐刹天寿圣恩寺任主持。

秉承苦行僧之风，惜物如金，颇受众敬重。公元2000年岁次庚辰正月圆寂于圣恩寺。

茶 树

"文化大革命"初期，光福附近部队修

建机场，原南京军区司令员许世友将军常在这一带驻地部队视察，数度莅临司徒庙。一次，不见住持融宗法师泡茶招待，疑问道："何故没有茶喝？"法师解释说："我的三两棵茶树给'割资本主义尾巴割掉了'。"司令转身示意地方干部，司徒庙的三十棵茶树考虑照顾一下，不日，当地生产队就在庙附近长势不错的茶树划了三十棵给司徒庙。司令将三两棵茶树误成了三十棵茶树。法师不想竟中了塞翁失马之幸。此事成了将军与和尚的一段佳话，联想到将军的身世，更是两位和尚的佛因禅缘，传为世人佳话。

赵丹

1983年深秋，笔者顺道到光福探望融宗法师，是时司徒庙内的小学已搬离，法师将前屋的原佛殿辟为展览室。游人甚众，络绎不绝。法师领笔者到展室的一个书画展柜前，指着言道："前几年赵丹在光福疗养，一次到司徒庙观光，我送了一包茶叶给赵丹，赵丹欣然收受，这是赵丹回赠给我的字画。"我端详柜内陈设的一幅画与一幅字，画面是四尺三开的宣纸，画上是两枝水墨菊花，并题诗曰："友人送我一份茶，我送友人二枝花。同是劫难遗生人，相识沦落在天涯。"并陈一联："诗自鼓吹发，酒为剑歌雄。"法师倒亦十分喜欢。笔者陋见，书写似狂草，甚有笔力，人说书似其人，今观此赵丹的书画，联想他电影作品中的表现，十分形象。

石嵝、石壁

在光福供销社调运苗猪期间，承同行相告，光福尚有两处冷门古迹，人迹罕至，且不通交通，名唤石嵝、石壁。闻之如同两兄弟，其实是两处互不相干的古寺庵庙。倒挺引起笔者的游性，计划一探究竟。

5月12日天气晴好，午后按事前询知的途径攀爬行走在荒山野坡丛中，此地一带多是紧临太湖的小山，彼此相连，虽说是山也不甚高，石壁所处的叫蟠螭山，原有一寺名永慧禅寺，背靠山岩，在蟠螭之巅，上得山顶只见一片断垣残壁，满目苍凉，几乎无一完整的房舍，见一老僧七三高龄，法号佛照，告知此地早已荒凉多时，唯他一人，生活十分困苦。想想亦是，新中国成立后的打倒封建迷信，"文化大革命"中的破除四旧，覆巢之下安有完卵，寺旁山崖石壁上晚清民初的题刻不少，然均已斑驳不清。回顾四周，唯有观赏太湖乃一佳境。临别与老法师道别，见其困境，然有心无力，搜遍全身竟然没有一点现金，只搜得二斤全国流动粮票作为赠礼，惭愧。

一路打探，继续前行在山岗之上，好在两山相邻，常言道路生在嘴边，逢人便问。终寻得弹山石嵝。一庵藏于山凹竹林深处，破败不堪，与石壁遭遇同命矣。此行访古寻胜，不想如此出乎意料。出庵登一高台，此时此地凄切切唯余只身孤影，驻足眺望太湖，白茫茫不知所措，有感时运不济。二处全无留恋之处，带着一身汗水踏着斜阳悻悻而归。

焦山碑林偶遇

1981年秋，笔者慕名到镇江焦山寺碑林游览。在某一展室观看一方有东坡居士小像的明碑，由于笔者看得认真，碑林内一位长者管理员上前与笔者交谈，后询问笔者来自何方。余回曰："杭州。"长者言道："我1949年前在杭州住过，是个好地方。"余听后忙说："我不是住在杭州城里的，住在郊区，小地名叫三墩。"长者惊喜道："三墩我知道，在杭州时常去三墩，三墩有个厚诚庵。"余听了"喔"的一声，很是好奇，说："是呀，我家离厚诚庵不是很远，但今只有地名，庵堂早就没有了。"于是我俩的距离一下子近了许多。萍水相逢，很有一股他乡遇故人的感觉。长者姓景，大号思勤。原焦山定慧禅寺僧人，现属焦山公园碑林区管理处，仍以出家人自居，就住在焦山公园内。1949年前曾随师父在杭州西湖湖心亭龙皇庙礼佛。师父与三墩镇厚诚庵住持是峨眉山同门师兄弟，故常受师父之遣赴三墩厚诚庵办事，因二位老法师都年事已高，都为后事商量有个安排。那时无便捷的交通，全程步行，当年年轻，吃苦耐劳是出家人的本性，故十多里路个把小时就走到。景师父提及往事，很有故地重游之愿。握别

时，余留下详细地址，诚邀景师父来杭州我家做客，并告知，最好是春天四五月份来，因那时是三墩的土特产春笋季节。景师父是素食者，春笋是一味最好的素食食材之一。又是西湖景色最漂亮的时候。景师父闻之当即高兴地言道："何同志，你真客气，我一定来府相访。"

1983年4月，景师父来信探问杭州之行，笔者立马回信表示欢迎，并约定时日余提前调休在家等候。不日，景师父风尘仆仆来到三墩，先找到笔者单位——供销社土产收购站，由单位同事领至家中。故人相见，高兴之情溢于言表，景师父对余及家人深致谢意，相言甚欢，并对内人言，自己是出家人，然不忌讳旁人食荤，府上的做菜餐具做过荤腥后只要洗干净不影响做素食的。此足见师父生活自律且通情达理，不失出家人慈悲之心。越日，陪同景师父到厚诚庵旧址探故追思。一处小桥流水的村边道旁，但见一座砖瓦土窑孤立于农田间，已无一丝厚诚庵之旧痕。师父双手合十面对土窑连念"阿弥陀佛"，然亦并不十分遗憾，认为沧海桑田，半个多世纪的光阴，时代在变，不足为奇。今有缘到故地缅怀，已知足了。

师父此行不易，原想多挽留几天，不料师父已有不忍多扰笔者之心意，只待了两宿，一再言打扰打扰，罪过罪过，带了几斤三墩的土特产"春笋"，愉悦地道别返程。

怀念杭州泉界前辈张丙先生

1992年4月3日，我国古泉界老前辈——张丙先生在病榻上安然谢世，享年86岁。

张丙先生，字公午，号虞安。1906年（汉历丙午年）出生于杭州扇子巷，祖业"张子元"扇店开创于清雍正年间。少年时代，先生即随其三叔、泉界耆宿、著名古泉界鉴赏收藏家张季量先生研集古泉。先生十八岁进杭州大坊柏解元寺第一中学就读，后因张季量老先生出任上海复旦大学中学部学长（即复大附中校长），先生转学上海，并于抗战初迁居上海南昌路至殁。

当年先生与蒋伯埙、戴葆庭、戴葆湘、吴静庵、郑家相、张炯伯、张叔驯、陈仁涛、马定祥、杨成麒等先生相交往。先生慧眼识宝，先后发现收获过不少珍品，如首次发现明朝铜雕母创见品——万历通宝，是先生于行家的一串常品中发现。在一次同好的茶会中，获一枚天国圣宝背直读"太平"的当五黄铜钱，先生深知此乃不可多得之品。以上两枚珍品，后归张季量先生所藏，后一品1983年由马定祥先生著入《太平天国钱币》一书[1]。只是万历雕母笔者至今未见披露"庐山真面目"（《中国泉币学社例会记录》第一百三十一次例会记录有拓图，笔者按）。无独有偶，先生在市肆中还发现一枚不同质地的雕母创见品，咸丰重宝宝河当五十木雕祖泉，

先生告知：当时民间木雕工艺品的古泉常见，然那类雕工粗率、文笔少神韵，而此品工精韵足，非常品可比。足见先生对古泉的鉴别力。《古钱大辞典》在介绍张季量老先生时提及先生"知鉴别"[2]。此泉为戴葆庭先生求让，后又转入罗伯昭先生钱箧，1940年罗先生刊于《沐园四十泉拓》。

1936年古荡出土了金银质宫泉，其中一枚金质"乾道元宝"为一旧货店老板阿相偶获。先生闻知后，几经奔波，不惜重金，在马定祥先生的周旋下终为先生所获。后因当时上海收藏大家"绿雪馆主"陈仁涛切意谋让而归陈氏。先生提及此事，仍有惋惜之情。1938年夏，先生慷慨将友人吴静庵大律师先前所赠的"伊藩吉昌"孤品割爱于蒋伯埙。为此，蒋伯埙先生特撰文追刊在《古钱大辞典》拾遗[3]。

此外，先生还得到过咸丰宝浙当头百，银质南宋宫泉"福宁万寿""寿慈万寿"等多枚，还有"天策府宝""千秋万岁"

"午"字璧

背天地等其他珍品。

马定祥先生生前曾言："我最初研集铜元、张公午先生可算我古泉方面的启蒙老师，并经张先生引荐，于民国二十八年（1939年）随张季量先生钻研泉学。

新中国成立后，先生进上海博物馆专司古泉，并传授学生，于1971年退休在家。今著名古泉币专家孙仲汇先生即其高足。

先生是一位慈祥和蔼的老者，笔者初次去看望先生时，听说笔者来自杭州，先生神情为之一振，话匣子顿时打开，全然不像耄耋老人。谈起杭州的往事，先生在五十年后的今天仍记忆犹新，可见先生对家乡的深情。一次笔者将友人送的一枚"龟鹤齐寿"钱拓寄去求教先生，不日先生即回信说："此枚泉书法秀劲，制作精美，确为宋代遗物无疑，虽非正用品，得此亦颇可玩赏，堪与当十大宋媲美。"平常即使一枚普通品求教，先生亦是从制作版别、文笔逐一解说，谆谆善导，此情此景，使银铨终生难忘。先生本性厚道，不善交际，且淡泊名利，虽对古泉学造诣颇深，然终因少涉泉界盛会而为今世之后学所鲜知。

今值杭州市钱币学会成立之际，特草小文将家乡的先辈介绍给乡人同好，以志对先生的怀念。

注：
① 马定祥著《太平天国钱币》第80页图T11—5。
② 《古钱大辞典》第2275页。
③ 《古钱大辞典拾遗》第2363页。

（发表于《杭州市钱币学会成立大会特刊》1992年5月）

此乃一晋瓷残片，径34mm，厚8mm，已经人工切割，泉界先辈张公午老生前所赐。晋瓷残片并不稀罕，稀罕的是瓷片釉下有一"午"字，既非刻成又非写就，实在是偶然中的偶然，今已无法知晓了。却被有心人用以生财之道。一日早茶，张公在喜雨台茶楼品茗，一同好熟友持此"午"字瓷片向其炫耀曰："公午兄，你的大号可知千年前晋人已为你所定，有此瓷为证。"公笑脸相迎问其何出此言。同好将瓷片递与公，公接瓷一看，笑称奇也，问曰可否割爱？同好言道："公午兄喜欢弟当仁让"边说边伸出两个手指。公道："两甲角子。"同好笑回："呵呵，两只洋。"公笑曰："好，好，愿受，愿受。"

当年张公赐笔者瓷片时说："银铨，我已没什么可给你做留念，唯这块晋瓷留个纪念吧，那时还给同好敲了个小竹杠，付了两块大洋。"这种晋瓷片出在瓜山（杭州拱宸桥北，笔者按），当年是非常普遍的。

今提及瓷片已是30年前的故事了。睹物思人，物是人非。笔者视瓷片似张公，将其设置于红木衬座之上，珍若拱璧以慰公在天之灵。

杭城泉市

大凡逛过岳王路花鸟市场的人，多知道其中还有一角的泉币市场，在并不宽敞的人行道上，按个铺上一两张报纸或塑料薄膜，就算是一家泉币古玩店了。上面有条不紊地陈设着各种不同的古钱币、近代币、外国币、纪念章，甚至还有仍在流通的货币钞票，不一而足。当然，其中真真假假、鱼龙混杂就得凭自己的眼力了。每逢周末假日，此角是人头攒动好不热闹。集币已成为社会的一大热点，大有方兴未艾之势，男女老少各有所乐。其中有爱好者，有猎奇者，有为保值的投资者，亦有从中谋利者。然不论何种目的，总归推动了货币文化的前进与发展。

其实，杭城的集币之风，可追溯到30年代。那时主要有两处固定的场所：一处是旗下的喜雨台茶楼，即现在邮电路与延安路交叉口的西南拐角，杭州水产品商店二楼相连的几间楼房；另一处在堂子巷茶会。当年经常聚会在喜雨台茶楼的有著名泉币收藏鉴赏家，杭州邮局任职的蒋伯埙，扇子巷"张子元"扇店大公子，著名泉币鉴赏家张公午，安徽茶商，清波门外汪庄庄主汪伯夷，艮山门车站站长仲金夫，还有一位英俊年少，后成为我国著名的泉币学家——马定祥先生，等等。他们品茗论泉，探究泉学，观摩新获，陶醉于另一个天地之中。所以，杭城的市肆小贩，得到古泉，均会拿到喜雨台找行家待价而售。

1936年古荡出土了数枚南宋金银宫泉，其中一枚金质"乾道元宝"（1165—1137年间铸造）得主就是在喜雨台茶楼出售给一位名"阿相"的旧货店老板。后再转让给张公午先生。

张公午先生还结识一位出家人，灵隐寺知客师，法号朗悟禅师，此僧精通字画古泉。曾有过一个有趣的故事。杭城有位跑小码头做眼镜生意的年轻小贩，偶得一枚珍贵大泉，由于此泉铸作别具一格而为藏家所惑，疑是赝品。一日，小贩特去灵隐寺求教朗悟禅师，禅师不以来者不懂而欺人，告之曰："施主不愁成家立业矣，善哉，善哉。"果真，小贩如愿以偿，此泉后为海内古泉巨室，吴兴齐斋张叔驯收藏。眼镜小贩不但娶了亲，还在茅家埠乙平巷开了一爿绸机坊，并用木材做了一枚很大的古泉作为招牌。真是出家人一言，功德无量。

（发表于1994年6月2日《杭州日报》西湖副刊）

中国结

当今社会流行之中国结，旧时称如意结、百结、蝴蝶结等等，是寻常百姓生活之点缀，可为喜庆节日时增色添彩。由于时代的氛围有别，笔者少年时并无"中国结"之称谓。长辈们都为生存疲于奔命，焉有闲心顾及雅兴。笔者认知如意结是在20世纪60年代。回忆此结，谨须为先母予点赞。

母亲出生于上虞农村，仅能认识自己的名字"王秋圆"而已。虽说外祖父王月高是当地小学校董，然限于"女子无才便是德"的年代，母亲只能在家劳作，闲余之时随外祖母习练女红。故而母亲有一手能干的传统女红本领。缝纫纳鞋，描花刺绣。每年冬里总要为子女裁制新衣制作新鞋准备过年。母亲会边做针线边低声吟唱孟姜女，是笔者儿时听到最悦耳之歌声。端午节前，必为小妹做虎头鞋，绣荷包。还会做虎头鞋馈赠亲友。笔者上初中时，母亲给我的笛子尾部下音孔用红头绳结扎了一个如意结，十分亮眼，这就是笔者生平第一次见到如意结，并知道了如意结的基础乃是从纽扣结变化而成的。纽扣结是缝纫衣服的基本工序。在旧社会，具备女红本领的家庭，一般是比较宽裕的了。笔者还珍藏着一件母亲使用的家具残件（图1），一个用藤条编扎的如意结，俗称"被掭"，冬天晒被褥时拍灰尘所用。掭首直径22cm，若带柄总长65cm。就两根藤条上下穿插，

图1

左右迂回，你中有我，我中有你，互为协力。结构之精美，工艺之巧妙宛然一只飞展的蝴蝶，赏心悦目。非历娴熟技法者莫属。集传统智慧于一体，不失为一件既具装饰且又实用的工艺品。用今人之说法就是一个放大而又独特的中国结。

中国结能成为当代之时尚，其中绕不过一位台湾的陈夏生女士（生于浙江乐清）。她在很偶然的机会见识了中国旧时

代衣饰上纽扣结的编扎。由于好奇而产生兴趣，加上她的才识乐此不疲，成就了陈夏生先生的结结事业。她将这门古老的传统手工艺发扬光大，并介绍到欧美及东南亚，使之风靡世界，"中国结"之大名名正言顺地红遍祖国大地，海峡两岸。就此还引发有关专家学者对中国结起源的研究，众说纷纭，莫衷一是。考古发现，1996年杭州良渚文化遗址出土一个"双钱结藤编残件"（图2）属良渚文化晚期，距今约4000年，双钱结的编结技法就已经高度成熟了。比陈夏生先生认为中国结起源于春秋时期还早1500年。"简直是让今天的人惊讶得瞠目结舌"①。

综观中华五千年文明史，个中之优秀传统文化皆源于生活而高于生活。薪火相传，生生不息，乃当今国人取之不尽用之不竭的精神源泉。

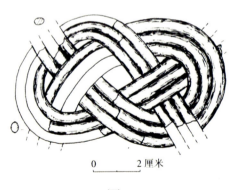

0   2厘米

图2

照片上：母亲带余及大妹合影
下：吾之幼儿时光

注：
① 王力主编：《中国古代文化常识》，第230页。

韫玉山辉

韫玉山辉，清贵炉大型背龙凤系列，民俗钱币之一，面文楷书对读。文出西晋文学家陆机《文赋》"石韫玉而山辉，水怀珠而川媚"。1996年广州胡穗辉先生所赠。爱妻王氏名韫青，名之首字与是泉第一字相同。笔者爱屋及乌，甚是珍爱。想余自爱好集藏古泉币逾半个世纪。一个业余爱好的工薪人，能有今日之成果，多亏了爱妻的宽容、支持进而共好，不胜欣幸感慨。

可在此还需提到一品珍泉，南宋建炎元宝篆书平泉，图见第218页。生坑绿锈，胡穗辉先生获于杭州，然因疑是泉锈下可能有暗裂而愿惠让。笔者念同好之情，顾及小青年挣钱不易，助其得以全额转让。是品建炎元宝出自福建武夷。古泉界至今仍不多见，揣测存世量还在个位数，身价不菲。

附爱妻青春照与童年旧影

可算京粉

　　1996年春夏之交，杭州京剧名宿，更兼书画篆刻大家宋宝罗老先生，在孤山路省博物馆内举办书画篆刻展，以庆贺80华诞。笔者从杭报上获此信息，特意从古泉藏品中选得八品宋泉，其中六品泉文含"宋宝"二字，两品大观通宝，愚意乃宋宝老书画篆刻展品之大观。是日携泉前往拜观，幸遇先生在展中接待亲友道贺。等先生间隙时笔者持泉奉上，禀明崇敬之意，老先生闻之顿时笑逐颜开，双手摩挲古泉与笔者交谈。知古泉中含老先生大名之"宋宝"二字甚感惊喜。知余喜好京剧犹感亲切，称道笔者业余爱好之高雅，好言鼓励。先生和颜悦色，爽朗可亲，无前辈名流之状。惜别时热忱挽余合影留念并言谢意。不日即亲书将合影函寄舍下，足见老先生待人之诚，可敬可佩。认识京剧始于初中一年级语文课本中的阅读课——《打渔杀家》。此剧讲述百姓受地霸官府欺压，最后官逼民反，老英雄奋而挥刃杀入渔霸之家，报仇雪恨。随着阅读的深入，进而知晓西皮二黄，生旦净丑，逐渐有了对京剧的兴趣，犹喜须生。"文化大革命"破旧立新，大众的文化生活匮乏，唯京剧样板戏普及推广。个中笔者倒获得不少京剧常识。到了20世纪80年代传统剧的恢复演出。为了国粹之传承，国家对京剧之提倡几乎不遗余力，国家领导人创意指导了京剧的音配像文化工程。这期间新人辈出，其中有位科班生，戏剧梅花奖得主，杨派老生于魁智先生，文武兼备，唱功了得，十分受观众欣赏。1995年秋，笔者为交流古泉币去北京。到京后产生了一个念头，想会一会心目中崇拜的京剧明星于魁智先生。向亲戚借了自行车，虽不知该去何处寻访，凭着路就在嘴边的老话，骑了一个下午，总算在北京城城西旧鼓楼大街找到于先生之演出处，然已过了时间。第二天早上，骑车直奔该处提早恭候，终于等到于魁智先生上班前一刻相见。承告近期一直为音配像工程忙碌。交谈和气谦逊，只能长话短说，还十分礼貌地言道："向杭州观众问好。"即匆匆握别。虽未及倾诉，仍怀着一丝满足的心情，荡漾在京城早晨的路上。

与宋老合影（上）于魁智先生签名（下）

情难舍

同窗三载，至交一生，全仗"信""仁"两字。

1964年幸会云栋于金华，可谓他乡遇故人，不胜喜悦，笑言三墩时的年少激情，憧憬未来的生活安宁。握别时诺言：待师大毕业，分配落实后即鱼雁相告。数年后，云栋来信了，他在山城遂昌做教师。

1974年春，我等来机会假道龙游，赴遂昌北界探访云栋，车在山间行驶，车窗外但见山岩、树林、农舍而不见蓝天。汽车终于在一个路边小站停靠，下得车来方知北界是高山崇岭中的一个山村小集镇。边走边问，不多时便寻到北界中学，当我出现在云栋面前顿感他喜出望外，紧紧地握住我的双手连声说："银铨你怎么来啦？"彼此的高兴劲溢于言表，其间云栋不断向来看望的师生热情地介绍我是从杭州来的老同学（殊不知他这个大学高才生同了我这个初中同学，我听得心生愧意）。这一夜，从三墩谈到北界，从事业谈到生活。云栋感叹只身进山，有幸与同伍人殷桂芳老师惺惺相惜，结为连理，无奈虽说一县同系统（当时的遂昌、松阳两县行政区是合并的），但夫妻南北相距120余里，夫人独自带着两个幼子操劳终日，作为丈夫虽是心痛却也无计可施。在物资匮乏的那个年代，二位洁身自好的过来人个中艰辛自不待言，相比之下，我银铨尚有可慰之处。当我提及在龙游探望姜振兴老师时，云栋记忆犹新，甚赞姜老师慈祥厚爱，上课时浓重的龙游普通话抑扬顿挫，嘱我再见到姜老师一定代他致意问候。我俩抵足而卧，意犹未尽。第二天，匆匆惜别，相约各自保重、后会有期。确实，日后我曾几次进山，看望了云栋松阳的家。最使我动容的是一句："银铨，十余年来，你是唯一进山探望我的亲人。"

随着时来运转，国家重视知识，云栋返归故里。从断桥校舍，金祝新村，到东山弄公寓。云栋的居住条件工作环境逐步改观，然待我的情意始终如一，每处留有我的身影足迹。每每相邀一如既往，陪我漫步西湖柳下，品茗静观山色。诉说家常情真意切，夫人与孩子待我似家人。不想如此一位挚友，历经坎坷岁月，奉献毕生才华，可颐养天年之际罹患不幸，怎不叫人悲痛不已，欲哭无泪。云栋离去已有三年，然他儒雅不扬的音容笑貌，娓娓说道的谦辞神韵历历在目，如何使我忘怀得了！

呜呼云栋，愿你在天之灵逍遥宁康，一佑家人，二助群朋，三修来世再聚首，相约诉衷肠。

（丁酉年清明节前哀笔）

云栋 1943—2014年

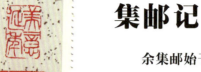

集邮记

　　余集邮始于高小初，时年13岁，吾乃一穷学生，孩童时期无书信来往，唯求于同窗，伺机苦觅。每获一枚喜形于色，善品手舞足蹈。学中有取笑者，且亦报以一笑。续至初中毕业，即疲于生计，逐趋淡泊，"文化大革命"起愤而作罢。近闻杭州延龄路新开了集邮公司，见有持集邮本给他人一睹而后快者。更有相好同令人持邮册相嬉，于是乎吾心仿佛一潭平镜击以一石。欣然将所冷藏二十余年之旧物从整精梳，焕然一新，深感历史风土尽显方寸微面之中。艺术之精美、知识之丰富令余耳目一新。就此重拾儿时喜好，更上一层楼。

1982年3月
重整邮品
有感而记

谈"元符重宝"钱的币材

《中国古钱目录》1992年版第101页元符重宝钱，编者注明"牙雕祖钱"，1994年版中，编者仍然强调系牙雕祖钱。其依据是《沐园四十泉拓》。先辈罗伯昭为是泉作诗曰："新雕牙样母钱尊，重宝锋棱贵莫言。极拟开通终不似，小平遑论左挑元。"编者据诗首句而定为牙雕祖钱。

笔者以为不然。有关此钱的最早披露，是在1936年12月1日，中国古学会刊《古泉学》第3期古泉丛谈中，乃戴葆庭先辈著文。"元符重宝与元符通宝"一谈申述："罗君伯昭近由陕西获得之元符重宝，生辣异常若新铸者然，尚留有刀痕，骤视之，疑为伪作，实为未曾用过之雕母也。……民国十七年秋，予至重庆时，曾观申君藏泉中，亦有同样一品，近时罗君曾将此品携往比较，文字形式，大小重量，完全一样。唯申君一品为生坑，有绿锈，真是无独有偶，予去年获得诸暨出土之嘉定通宝背同三，为铁母而铜铸。亦生辣殊恒，刀痕未泯，确为铁母无疑。"先辈在文中言二枚元符重宝"完全一样"，并将三枚泉相提并论。可证，元符重宝不存在牙质，应都是铜质。

足斋《珍泉集拓》刊有一枚元符重宝钱。先生批曰："元符重宝共见三品，一为重庆申砚丞氏，生坑，白水银锈带绿锈甚精。一即罗氏。此品非雕母，似初铸母钱。"先辈决不会将牙雕母钱与铜雕母钱混会一谈。何况《珍泉集拓》中有非铜质者，均标明或金或银，或铁或木。可

见不存在牙雕祖泉之事。

《沐园四十泉拓》所列之品，罗先辈有题诗的各品钱，均立有钱名。如鎏金天策府宝、铅大开元背闽、铁应运通宝、咸丰宝河当五十木雕祖钱等。而元符重宝立名为"元符重宝雕母"，罗先辈对木雕祖钱都言明，焉有对比之更珍贵的牙雕祖钱反不交代清楚，绝无可能。罗先辈诗首句"新雕牙样母钱尊"之意，并非是指钱币元符重宝。而是一种借喻，因当时已发现清廷牙雕祖泉，为泉界所珍。而元符重宝有似牙雕母钱之精美珍贵，故第二句言"重宝锋棱贵莫言"。此乃是诗句，尚有其文学性的一面，愚以为，用首句是为下一句起烘云托月之意，实非言元符重宝系牙质币材。而是比喻此钱之珍同新发现的清宫牙雕母钱。

再观元符重宝拓图，背面郭穿均已移位。这只有在铸钱过程中才会产生移位现象，若发生在手工雕刻的牙雕祖钱上，似乎是不可思议的事。

上述算是笔者的读书心得，还请同好教正为幸。

（发表于《钱币爱好者》浙江省钱币学会会刊1995年第1期总第21期）

八分书的称谓

开元通宝,铸于唐高祖武德四年〔621年〕,"其文以八分篆隶二体,给事中欧阳询制词及书"。

"八分书"一名始称于西汉三国时[①],当时的书体已从篆过渡到隶的时代,通称汉隶。隶书的最大特点即书写时的波磔之势,俗称蚕头雁尾,并有"蚕无二头,雁不双飞"之说(附图)。"而八分创于何人,八分究作何解"史书各家各说纠缠不清。其实,书体是随着时代进步、社会发展和实际使用所需而演进,非一朝一夕可为。两汉是我国书法之鼎盛期。隶书乃汉代主要书体。山东曲阜孔庙众多两汉碑刻,以《乙瑛碑》《礼器碑》《史晨前后碑》史称庙堂三巨制,皆以隶书行文。清道光咸丰年间书法名家方朔评《史晨前后碑》曰:书法则肃括宏深,沉古道厚,结构与意度皆备,洵为庙堂之品,八分正宗也。《曲阜观览》(1983年版)介绍《乙瑛碑》云:乙瑛碑是我国八分隶书的典型石刻。可证古人将隶书与八分书是相提并论的,隶即八分,八分即隶。

有清一朝,书界提及隶书言必称八分。如:"金陵郑簠隐作医,八分入妙堪称师"。"欲换青钱沽雪酒,八分小字写寒鸦"。"扬州八怪"之首金冬心"分隶冠绝一时""西泠八家"之翘楚,钱王后裔钱叔盖治有一印:"大小二篆生八分",即大篆、小篆之后到隶书,说明了我国文字变革走

过的道路这都是时代相沿成习的一种称谓。今天人们在提及书体种类时,总称"正草隶篆"四体。现代著名学者,书画鉴赏大家启功教授《古代字体论稿》曰:"按隶书,左书,史书和八分,都是同体的异名。"冯亦吾《书法探求》:"本书所述隶书碑帖,即以八分为隶,不加分别。"可见,隶即八分,八分即隶并无区别。至于隶书的波磔,书法界称蚕头雁尾,十分形象。然也有称蚕头"燕"尾的,此"燕"乃"雁"之误,不论是隶书还是楷书,捺笔之尾成燕尾状而现剪刀叉,非笔病即书病了。《史晨碑》帖便可一目了然。

再观开元钱文,四字之状态,笔者揣度以篆笔书八分,缘于钱体而无波磔可施展,然笔法匀称精妙,凝重端庄,不失欧体之平正中见险绝,可谓神来之笔也。

泰庙前后《史晨碑》拓

注:① 萧燕翼:《书法史话》,1984年版,第14页。
本文参考:毛启俊:《中国文艺六论》,1995年版。
　　　　冯亦吾:《书法探求》,1983年版,
　　　　《书学论集》,上海书画出版社,1985年第1版。

古钱上的书法艺术

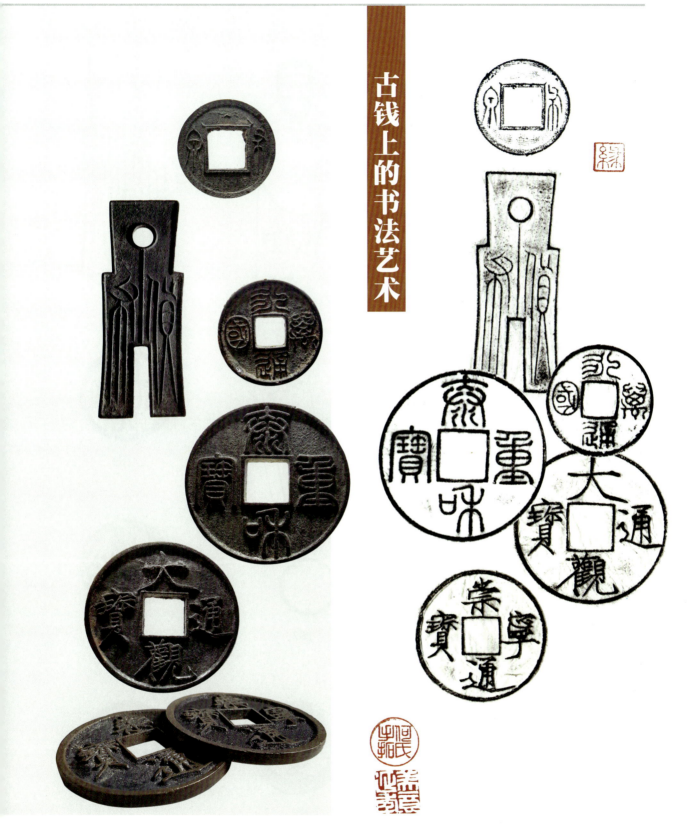

"宋皇字体纪淳化，唐臣词翰征开元"，是赞咏古钱钱文出于名家帝王之手的诗句。

中国是一个具有五千年悠久历史的文明古国，在漫长的历史长河中，翻腾着一朵灿烂夺目的浪花——货币文化。早在春秋战国时期，我们的祖先就已经使用带有文字的青铜铸币，字数少者一字，如楚贝上的"君"字（图1），多者四字，如齐刀上的"齐之法化"（图2），最多的有六字，这些文字出自普通劳动者之手。他们以刀代笔，以土为纸，按范运笔，字工力匀，结构布局稳当妥帖，不愧为上好的古书法作品。

书法是我国文字特有的表现形式，其结构严谨，沉重刚健，又苛求平衡对称，疏密均匀，反映了二三千年前的文字书写已经注意章法与布局，开始讲究文字的形态美。

东汉末年，王莽篡权，建立新朝，通过发行大量不足值货币的手段大肆搜刮天下财富，然而铸行的货币由于品种繁多，式样奇特，铸工精美，文字隽秀而颇受后人推崇。公元20年铸行的"货布"（图3）极为精美，其篆体字细挺如铁线，悬尖如垂针，笔画妖媚多姿，然无妖俗之气，颇有端庄秀丽之感。与宋朝的瘦金书，金朝党怀英的玉箸篆，并称"钱书三杰"。由于铸工精良，使人见之爱不释手。

开元通宝（图4）铸于唐高祖武德四年（621年），是我国钱币史上的一个里程碑。这种钱币不但大小轻重适宜（每枚重一钱，十个合旧制一两），而且树后

图1

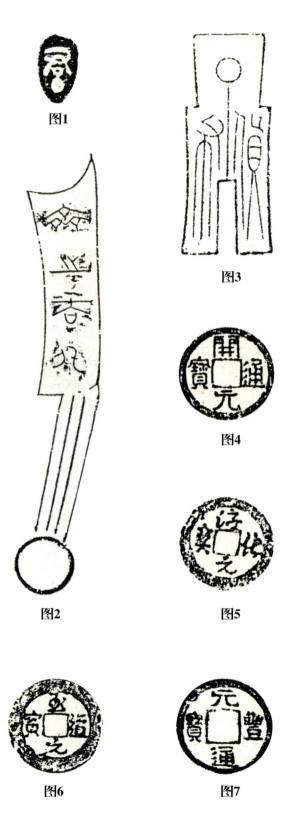

图2

图3

图4

图5

图6

图7

世各朝通宝、元宝诸钱之楷模。钱文由唐初书法名家欧阳询制词及书,书含八分(即隶书)书法端庄,雍容娴雅,内刚外润,匀称适度,在如此小的圆钱内要放上笔画不少、词意通达的四个字确非易事,非但后世各朝,连日本等国的钱币也无不受其影响。

在历代古钱中,流传至今最多的要数宋钱。其钱文真草行隶篆,无体不备。宋钱使钱币铸造和书法艺术进入了鼎盛时期。此时的钱文不少出自帝王名家之手,"淳化元宝"(图5)、"至道元宝"(图6)分别有行隶草三体入钱文,是宋太宗赵光义的手迹,人称"御书钱"。宋太宗爱好书法,擅长各体书。淳化至道三体钱文,隶书浑厚质朴,行书隽永流走,结构得中,草书行龙走蛇,神态自如,足见宋太宗书法艺术的造诣。

宋代大文豪苏轼也写过钱文,一曰"元丰通宝"隶书(图7),世称"东坡元丰",二曰"元祐通宝"行书(图8)。二钱书法丰腴苍劲,浑厚豪放,铿锵有声,古有书似其人之说,观其书犹闻"大江东去,浪淘尽,千古风流人物……"高昂豪爽之千古绝唱。

公元1101年至1125年是宋朝徽宗皇帝赵佶在位期间,赵佶作为帝王,治国安民无能,但却精通书画。徽宗朝所制作的钱币因此而特别精美,尤以徽宗独创的瘦金体亲笔御书钱文为最,如"大观通宝"(图9)、"崇宁通宝"(图10)、"宣和通宝"等,铁画银钩,遒劲挺拔,笔画虽

图8

图9

图10

图11

图12

图13

图14

纤，而稳如泰山，每枚钱币都是一件上乘的书法佳作，在中国书法和钱币史上久享盛名。

到了南宋，高宗皇帝赵构承徽庙之绪，最称善书，亦亲书"绍兴通宝"钱文（图11）。其后的南宋钱币逐渐形成一种方正平稳、布白匀称的统一书体，如"皇宋通宝"（图12），即现在所说的宋体字了。

在古钱文中有一种称"玉箸篆"的"永通万国"（图13）和"泰和重宝"（图14），制作精正，结体茂美，篆法极工，圆笔曲线如玉骨润肠，达到奇妙绝伦之境地。"永通万国"铸于北周大象元年（579年），"泰和重宝"铸于金章宗完颜璟泰和四年（1204年），钱文由金翰林学士山东泰安人党怀英所篆。曲阜孔庙孔子讲学之处有一石碑，上篆斗大二字"杏坛"即他真迹。后人评党怀英：能属文，篆籀入神，李阳冰后一人而已。此钱郭细肉深，精美程度可与机制币媲美。

此外，南唐徐铉的篆书"唐国通宝"、元代周伯琦的楷书"至正通宝"、清代周尔镛的"咸丰重宝"等都是众口皆碑的钱书艺术精品。

历史上我国由少数民族统治的皇朝中，尽管他们有自己的文字，如元朝的"八思巴文"（图15）、西夏国的西夏文、清朝的满文（图16），但仍用汉字制作钱文，所铸的汉字钱也很精美。如元朝的"至正通宝"（图17），西夏国的"天盛元宝"（图18），金国的"正隆通宝"（图19）等等。

此处值得一提的是清代道光年间主要

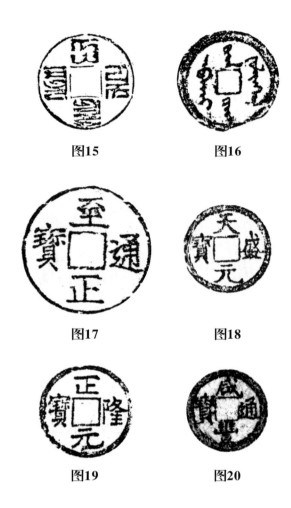

图15　　　　图16

图17　　　　图18

图19　　　　图20

钱币学家、著名书画家戴熙（1801—1860年，杭州人），据传他书有"咸丰通宝"（图20），先人评："视其书则含瘦金，结体隽逸，在众多咸丰钱中最有欣赏价值，古钱界称之为'戴书咸丰'。"

古钱币书法是我国独特的艺术瑰宝，近年来研究之势方兴未艾，使这门古典艺术焕发出了旺盛的青春活力。

（发表于《今日生活》1991年第4期）

庆历重宝史先后，千古文章岳阳楼

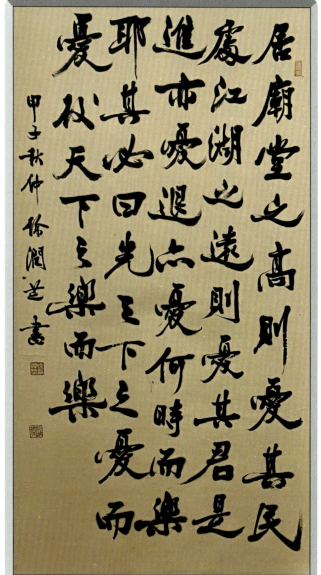

当代著名女书法家、西泠印社中人、浙江省博物馆研究馆员
徐润芝女士1984年作品

至若春和景明，波澜不惊，上下天光，一碧万顷；沙鸥翔集，锦鳞游泳；岸芷汀兰，郁郁青青。而或长烟一空，皓月千里，浮光跃金，静影沉璧，渔歌互答，此乐何极！登斯楼也，则有心旷神怡，宠辱偕忘，把酒临风，其喜洋洋者矣。

嗟夫！予尝求古仁人之心，或异二者之为，何哉？不以物喜，不以己悲，居庙堂之高则忧其民，处江湖之远则忧其君。是进亦忧，退亦忧，然则何时而乐耶？其必曰"先天下之忧而忧，后天下之乐而乐"欤！噫！微斯人，吾谁与归？

庚午重阳节 贺毅振书于市堂 教

岳陽樓記　　　　范仲淹

　慶曆四年春，滕子京謫守巴陵郡。越明年，政通人和，百廢具興，乃重修岳陽樓，增其舊制，刻唐賢今人詩賦於其上，屬予作文以記之。

予觀夫巴陵勝狀，在洞庭一湖。銜遠山，吞長江，浩浩湯湯，橫無際涯；朝暉夕陰，氣象萬千，此則岳陽樓之大觀也，前人之述備矣。然則北通巫峽，南極瀟湘，遷客騷人，多會於此，覽物之情，得無異乎？

若夫霪雨霏霏，連月不開，陰風怒號，濁浪排空；日星隱曜，山岳潛形；商旅不行，檣傾楫摧；薄暮冥冥，虎嘯猿啼。登斯樓也，則有去國懷鄉，憂讒畏譏，滿目蕭然，感極而悲者矣。

径：41mm
重：15g

径：34.7mm
重：12.8g

径：34.5mm
重：11.2g

径：30.4mm
重：8.4g

圆孔钱的揣摩

在玩钱当初，偶尔遇到圆孔钱，感到莫名其妙。后曾同好传闻，这是现在人用作应急开自来水龙头所至。听听倒也有道理，还佩服此君头脑灵活，想不到古钱还有如此妙用。随着时间推移，圆孔钱碰到的机会多了，还见到比较上档次的大钱，圆孔大小不一，感觉自来水龙头不可能造成如此大圆孔的，故有心将此作一门类。久而久之，笔者揣摩，此圆孔是古人为利而设法取铜之故。想必有古人迫于生计而出此下策，亦是无奈之举也。

径：45.3mm
重：17.6g

径：24.5mm
重：2.8g

径：35mm
重：7.6g

径：26mm
重：3.6g

径：29.4mm
重：6.2g

径：29.8mm
重：5.7g

径：29mm
重：10g

径：31.1mm
重：9g

径：26.5mm
重：3g

径：24.4mm
重：3.9g

径：30.3mm
重：7.35g

径：19.4mm
重：2.7g

以泉会友

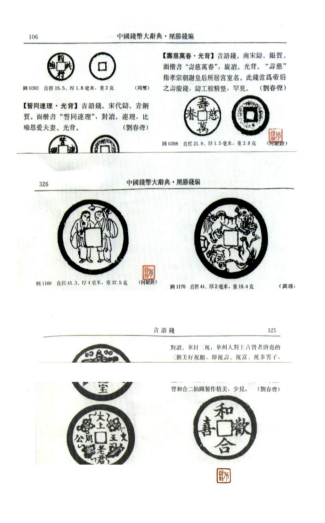

赠予刘春声先生的部分拓本（图缩小）并发表于《中国钱币大辞典·压胜钱编》P106、P325、P326等

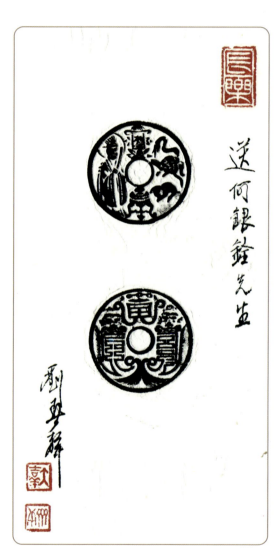

刘春声先生回赠拓片

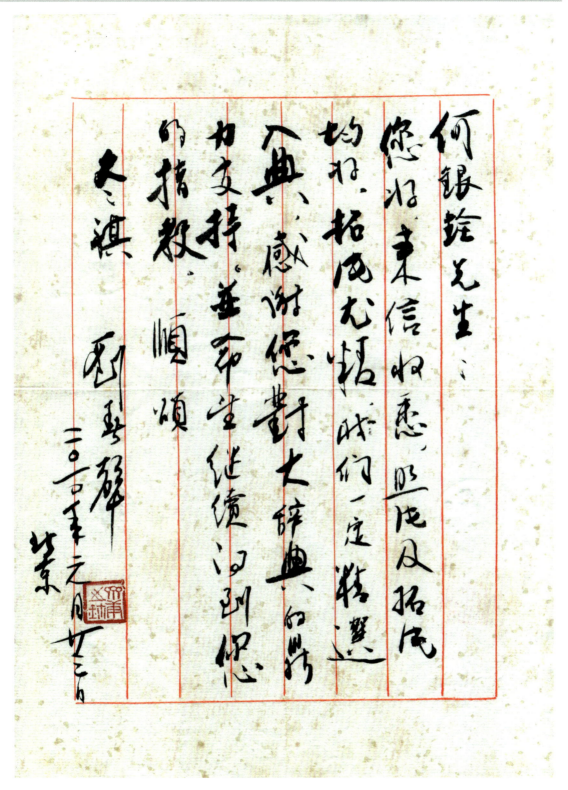

何银琤先生：

您好，来信收悉，照片及拓片均好，拓片尤好，我们一定精选入典。感谢您对大辞典、的关怀、支持，并祝您继续创作出您的指教。顺颂

大祺

刘春声
二〇一五年元月廿三日

刘春声先生编写大辞典期间，提供部分钱币照片及拓本，为其添砖加瓦，共铸钱币伟业

{ 215 }

拓集篇

觅趣斋拓集

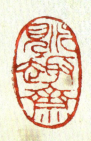

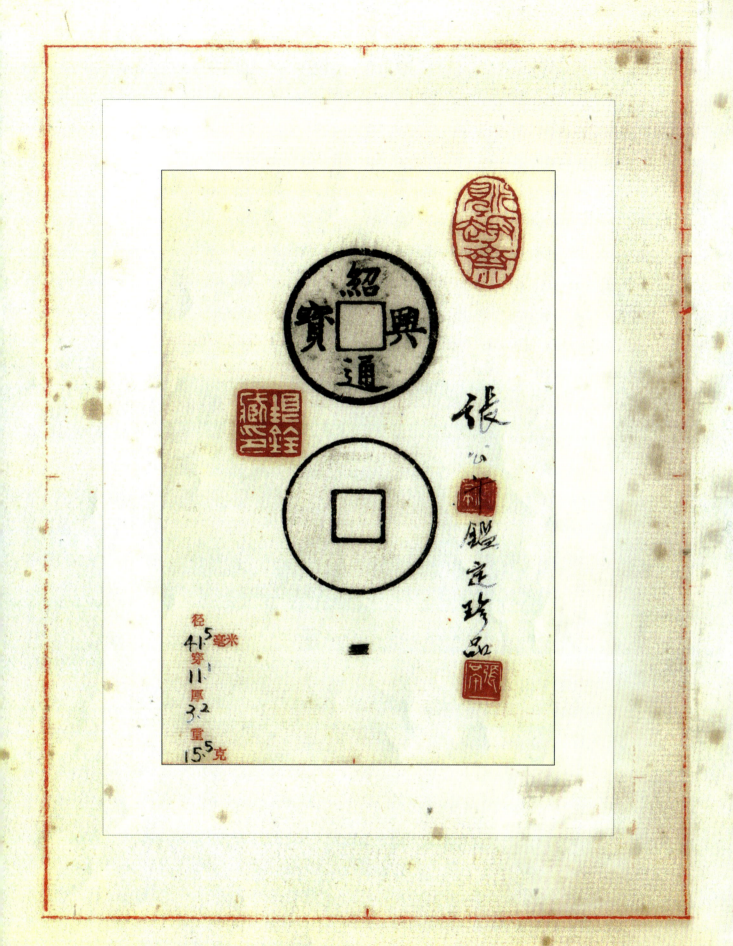

径 5 毫米
41
穿 11 厚 3.2
重 15.5 克

径: 23mm
穿: 5.4mm
厚: 1.5mm
重: 3.5g

长：**61.4mm**
宽：**17mm**
厚：**2.4mm**
重：**17g**

长：72.2mm
宽：20.5mm
厚：2.7mm
重：19.8g

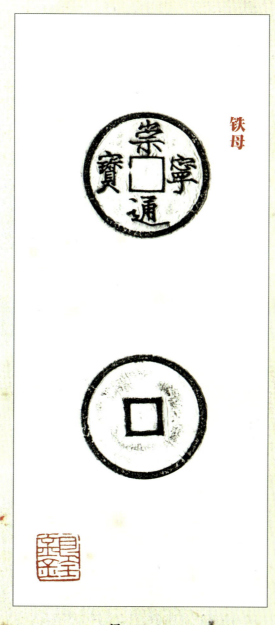

铁母

径：**33.3mm**
穿：**8mm**
厚：**2.8mm**
重：**11.9g**

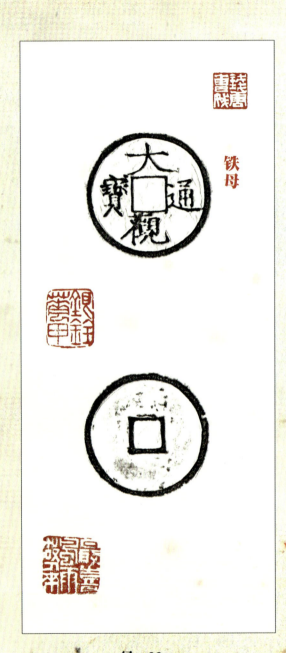

铁母

径：33mm
穿：7.9mm
厚：2.8mm
重：10.6g

银

古越史君賜拓

银

径：16.6mm
穿：2.8mm
厚：1.8mm
重：2.5g

银

径：23.5mm
穿：4.3mm
厚：1.5mm
重：3.8g

银

径：21.3mm
穿：5mm
厚：1.3mm
重：3.3g

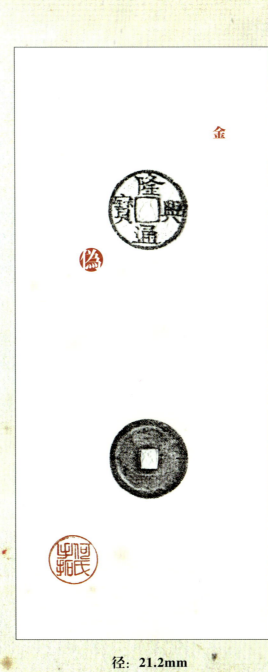

金

偽

径： 21.2mm
穿： 5.3mm
厚： 1.3mm
重： 6.1g

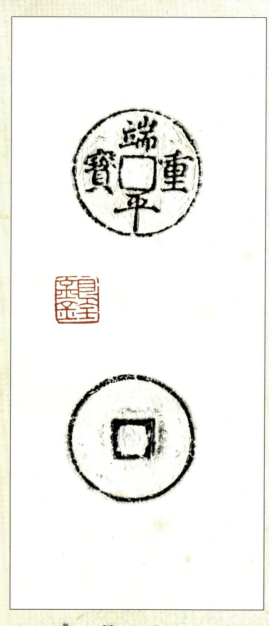

径：34mm
穿：7.7mm
重：8.2g

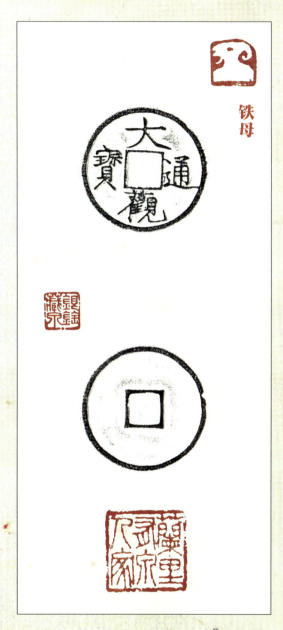

铁母

径：33mm
穿：8mm
厚：2.6mm
重：12g

银

径：23.3mm
穿：4.7mm
厚：1.1mm
重：3.45g

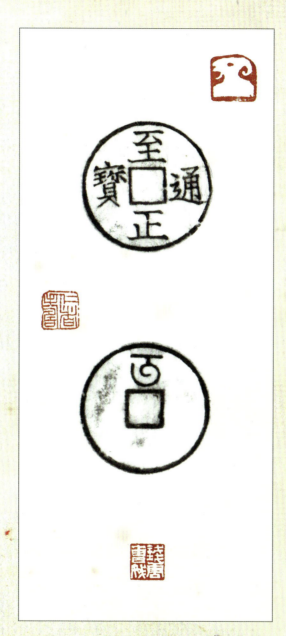

达农老先生旧藏

径：**34.4mm**

重：**9.5g**

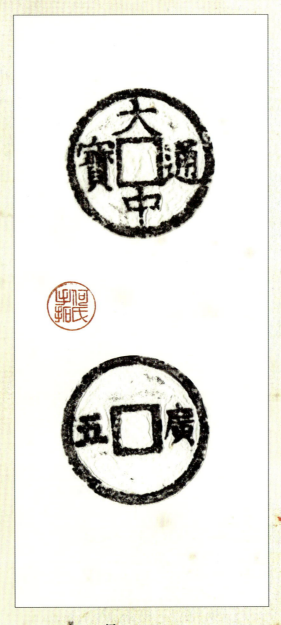

径: 39.6mm
穿: 8.1mm
厚: 2.3mm
重: 13.1g

径：24.5mm
穿：5.8mm
厚：1.6mm
重：3.4g

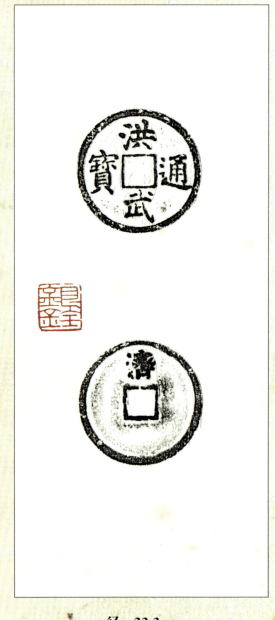

径：33.3mm
穿：7.4mm
厚：2.5mm
重：11.4g

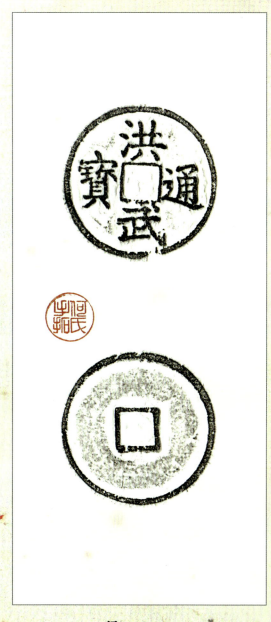

径：40.6mm
穿：8.6mm
厚：3.3mm
重：23g

径：35mm
穿：7.3mm
厚：2.8mm
重：12.2g

径：28.3mm
穿：6.4mm
厚：1.5mm
重：5.7g

径：**28.6mm**
穿：**7.4mm**
厚：**1.8mm**
重：**7.5g**

径：37.6mm
穿：7.4mm
厚：2.2mm
重：18.25g

径: 37.6mm
穿: 6mm
厚: 3.3mm
重: 23g

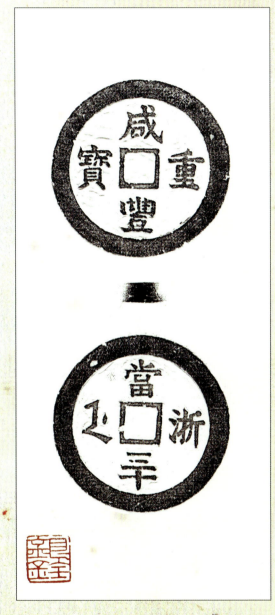

径： 47.4mm
穿： 8mm
厚： 5.5mm
重： 65g

母

径：26.2mm
厚：1.1mm
重：3.9g

径：34.6mm
重：13.2g

套子钱

川炉光绪元宝 小字20局套子泉，杭城邵哲君珍藏。

精美可观，委余铸轴补壁，存此为念。

径：27.9mm　　　　径：27mm
厚：1.5mm　　　　厚：1.4mm
重：7.35g　　　　重：6.1g

{ 244 }

乾隆宝川局饼钱1995年获于杭城估者。宝川合面饼钱2023年拙作完稿时华夏网拍得，应了有情人终成眷属之言。

径：24.7mm
厚：4.1mm
重：14.1g

径：23.6mm
厚：4.2mm
重：13.55g

后 记

兴趣所致，步入古泉币爱好者行列。一路走来，已过半个世纪。其间蒙前辈教诲，同仁力助，任由冬去春回，沧海桑田，一直在泉眼里快活着。玩泉能愉悦心情，添加知识。视觉乃是第一感观，故而笔者在力所能及的条件下，取美为第一条件，泉文美，形制美，词意美。世界上从交流用的文字演变成高雅的艺术品，唯我中华汉字，古人将这高雅的艺术铸入方孔圆泉，可说是进行了二次创造，真实地反映书写人的书法风貌、神韵状态、时代特征。其中天圆地方的哲理，以穿为基准的中轴对称，各显千秋的真草隶篆，处处体现了祖先的聪明才智，每当摩挲着古泉币痴情欣赏，总有一股崇敬之情油然而生。

老叟感觉，古泉币是最适合工薪阶层收藏玩赏的古董。身价不高，藏纳方便，材体坚固，知识丰富，寻觅方便。两汉隋唐的吉金，说买就可买到。即使先秦七雄的青铜铸币，亦并非高不可攀。但玩泉也得有个自知之明。爱好者玩泉币，但千万别被泉玩了。

老叟的泉言碎语乃对古泉币及生活点滴的感受。亦有为古泉币收藏摇旗呐喊之意。语无伦次，言不达意，祈求看官同好斧正指教。老叟幸哉！

本拙成文有赖书法家、篆刻家林剑丹、周国城、陈威遐、余正、兰银坤、张小明诸先生的厚赐而增光添彩。同好藏家蒋哨明、夏建华、王鸿喜、裘虎逸、谢家华、史海平、宋怡康、赵宝鸿、李永兴、陈翔、陈长根、费奕彬众先生鼎力支持，使拙著更趋翔实。《浙江诗潮》编辑王峥（字德亮）、《江干地名故事》主笔李定楢、省收藏协会钱币委员会金志昂先生的赐教操劳，及文中提到或未署名的泉友、同好的深情厚谊铭记终生。

最后谨向戴志强先生的赐题书名、孙仲汇先生的墨宝激励深致谢意！

何银铨
癸卯 仲秋